珍藏本
纪念版

汉译世界学术名著丛书

温斯坦莱文选

任国栋 译

商務印書館
SINCE 1897 The Commercial Press
2017年·北京

ДЖЕРАРД УИНСТЕНЛИ

ИЗБРАННЫЕ

ПАМФЛЕТЫ

Издательство Академии Наук СССР

Москва-Ленинград

据苏联科学院出版社莫斯科-列宁格勒俄文版译出

汉译世界学术名著丛书
（120 年纪念版·珍藏本）
出 版 说 明

2017 年 2 月 11 日，商务印书馆迎来 120 岁的生日。120 年前，商务印书馆前贤怀揣文化救国的理想，抱持“昌明教育，开启民智”的使命，立足本土，放眼寰宇，以出版为津梁，沟通中西，为中国、为世界提供最富智慧的思想文化成果。无论世事白云苍狗，潮流左右激荡，甚至战火硝烟弥漫，始终践行学术报国之志，无改初心。

迻译世界各国学术名著，即其一端。早在 20 世纪初年便出版《原富》《天演论》等影响至今的代表性著作，1950 年代后更致力于外国哲学和社会科学经典的译介，及至 1980 年代，辑为“汉译世界学术名著丛书”，汇涓为流，蔚为大观。丛书自 1981 年开始出版，历时三十余年，迄今已推出七百种，是我国现代出版史上规模最大、最为重要的学术翻译工程。

丛书所选之书，立场观点不囿于一派，学科领域不限于一门，皆为文明开启以来，各时代、各国家、各民族的思想与文化精粹，代表着人类已经到达过的精神境界。丛书系统译介世界学术经典，引领时代思想，为本土原创学术的发展提供丰富的文化滋养，为推动中国现代学术和现代化进程做出了突出的贡献。

为纪念商务印书馆成立120周年，我们整体推出“汉译世界学术名著丛书”120年纪念版的珍藏本，寄望既利于文化积累，又便于研读查考，同时向长期支持丛书出版的译者、编者和读者致以敬意。

两甲子后的今天，商务印书馆又站在了一个新的历史时间节点上。我们不仅要铭记先辈的身影和足迹，更须让我们的步伐充满新的时代精神。这是商务人代代相传的事业，更是与国家和民族的命运始终紧密相连的事业。我们责无旁贷，必须做好我们这代人的传承与创造，让我们的努力和成果不仅凝聚成民族文化的记忆，还能成为后来人可以接续的事业。唯此，才能不负前贤，无愧来者。

商务印书馆编辑部

2017年10月

中译本序

十七世纪英国资产阶级革命经过两次国内战争最后才在1648年取得胜利。1649年1月，英国议会在人民群众的要求下处决了国王查理一世，并宣布建立“英吉利共和国”。这一次革命在历史上是资产阶级对封建制度所取得的第一次重大胜利，它不但为资本主义在英国的发展扫清了道路，而且对后来欧洲和北美的反封建运动也起了推动的作用。

英国资产阶级革命虽然是由英国资产阶级和新贵族联盟所领导的，但是广大农民群众和城市手工业工人的参加，对于这一次革命的胜利起了决定性的作用。在残酷的国内战争时期，英国劳动人民不但向议会方面踊跃捐输，腾出自己的房屋供军队住宿，而且还直接参加战争，为革命流出自己宝贵的鲜血。1643年夏，国王军队兵临伦敦城下，议会军处境岌岌可危，全仗一支由手工业者、帮工和学徒组成的民兵队，才解除了伦敦西部之围。在英国内战中屡建战功、素有“铁军”之称的克伦威尔骑兵，也主要是由自耕农组成的。恩格斯说，英国资产阶级革命是由“城市资产阶级作了它第一个发动，而乡村区域的中农，则使它获得了胜利”①。

① 恩格斯：《社会主义从空想到科学的发展》，人民出版社1963年版，第21页。

英国资产阶级在取得政权后，由于资产阶级自私自利的本性和慑于人民群众日益高涨的革命情绪，不可能把民主革命进行到底，它既没有满足贫苦农民对土地的要求，也不想去改善小手工业者的工作和生活的条件。广大的城乡贫民从这一次胜利中不但毫无所获，反之，他们的经济状况由于战争的负担，以及战后工商业凋敝和物价飞腾而日益恶化。正如本书的作者温斯坦莱所说的那样，“平民（他们受到的这些战争的苦痛比别人更深重）从战胜国王方面得到什么好处呢？对平民说来，没有这些胜利也许还要好一些，因为他们由于提供宿营地和纳税而变得更加穷困，生活过得比从前还不如。”（见本书第46页）残酷的现实使得英国广大平民从对革命的失望逐渐发展为对资产阶级和新贵族联合专政的不满。他们不得不依靠自己的力量来解决日益迫切的土地问题。

早在1640年春，英国有许多农村就爆发了农民反圈地和争取保存“森林用益权”的运动。1641至1643年间，农民运动遍及英国东部各郡，许多农民不断进行夺回圈地的尝试。1645年，英国西南部发生了被称为“棍棒派运动”的农民起义，卷入这一运动的地区占全国领土四分之一，参加的人数达一万多人。国内战争结束后，农民运动仍然此伏彼起地在全国展开，1649年达到最高潮，发生了英国历史上著名的农民运动，亦即掘地派运动。

1649年4月1日，有一群贫苦农民在伦敦附近塞利郡圣乔治山的荒地上掘土耕种，过着共同劳动、共同吃饭的生活，因此得名为掘地派。尽管掘地派运动引起了附近地主富农的仇恨和破坏，遭到了克伦威尔政府方面的软硬兼施的阻挠，但是它代表了广大贫民的要求，所以很快就获得了各地的响应。次年，在诺桑普顿、白金汉、亨丁顿、兰开夏、肯特等郡都发生了贫民耕种村社土地的运动。出现了许多农业公社，其中以诺桑普顿郡的威灵波洛镇的规模为最大。这一声势浩大的人民运动威胁到了英国土地私有制的基础，引起了资产阶级和新贵族的恐惧，于是统治集团便撕下了“革命”的假面具，采用血腥的武力镇压，到了1651年，各地的掘地派运动就先后被克伦威尔的军队淹没在血泊中。

掘地派运动的领袖和杰出的思想家是杰腊德·温斯坦莱(1609—约1652年)，他原先在伦敦学过生意，贩卖过布匹，内战时期因经济萧条而破产，此后移居到伦敦附近的塞利郡，替人放牧牛羊。生活环境的变迁使得温斯坦莱有机会接近当地的贫雇农，了解他们的痛苦和要求，并且同情他们争取土地的斗争。不久，温斯坦莱就成了在这一个郡肇始的掘地派运动的领袖和立场坚定的捍卫者。他写了不少宣言和文章来论证掘地派人耕种村社土地的正义性，在道义上给了他们有力的支持。这些著作要求消灭土地私有制，宣传原始平均共产主义思想，反映了当时城乡贫民阶层的利益，因而在掘地派运动失败之后，它们仍然被作为社会主义思想宝库中的一份光辉遗产而留传下来。

反对土地私人占有、要求土地公有化、主张消灭阶级划分的思想，像一根红线似的贯串着温斯坦莱的所有著作。不过，温斯坦莱是带着浓厚的宗教神秘主义和唯理论的观点来考察土地的问题的。他说，“按照造物主的本意，土地被创造出来，是为了成为一切动物的共同财富……”(见本书第6页)后来因为自私自利的心理支配了人的理智，唆使一部分人去教导和管理另一部分人。于是，土地被篱笆围起来，被一些人所瓜分，而其余的人则变成了他们的仆人和奴隶;有时他又把英国的土地私有制看作是外来的侵略者所建立的。他说,“诺曼征服者不是从称为议会的少数人手中或者从全体英国人民手中夺去了英国的土地而攫为己有的吗?毫无疑问,他剥夺了每个人的自由,成为圈地和村社土地的主人。”“查理国王的英国王位不是从征服者威廉那里继承下来的吗?”“领主不是征服者威廉的上校们和主要军官们的继承者吗?”(见本书第45页)

温斯坦莱认为,自从土地私有制产生之后,人就陷入受奴役的状态,成为自己同胞的奴隶,而争夺财产又使人民、国家和全世界分成许多集团,引起战争和流血,到处都产生纷争。他谴责这种制度是对“伟大的造物主的一个极大的侮辱”,是不合乎“正义”和“理性”的。因此,在他看来,战胜查理国王之后,就应该废除这种不合理的制度,归还人民被夺去的土地,使他们得到耕种土地和分享土地果实的自由。他说,“要知道,在无地的贫农还未得到允许耕种村社的土地、还没有生活得像住在自己圈地上的地主那样富裕以前,英国不会有自由的人民”。(见本书第16页)

但是,英国资产阶级和新贵族在革命胜利后只是以有利地主的方式解决了土地问题,他们仅仅片面地废除了封建土地所有关系,消灭了地主对于国王的封建义务,把贵族和教会的封建地产变为资产阶级的地产,同时还保留了地主对农民的封建剥削,庄园上的公簿持有农照例要向地主交纳地租,并负担其他一系列的封建义务。英国广大的贫苦农民在失望之余,懂得了只有依靠自己的力量行动起来才能拯救自己。温斯坦莱在他的著作中表达了当时农民的这种敢于反抗的革命情绪。他说:“如果我们为了自由而饿死,而你们的屠杀性的统治人的法律还要消灭我们,我们就只有死路一条。因此，我们要求而且已经决定占有村社的土地和村社土地上的树木，以求获得生活资料，并且把你们看做与我们平等的人。”（见本书第 31 页）

在反映了当时广大贫苦农民的革命性的同时，温斯坦莱也反映了他们的不以暴力抗恶的软弱的一面。他对领主们说，“当你们身上的神明还没有迫使你们放弃你们靠杀戮和偷窃的手段得到的、现在还掌握在你们手中的土地和财产以前，我们不会去触动你们的领地，而只会去触动叫做村社土地的领地；而当你们身上的神明迫使你们放弃这些土地和财产的时候，我们就从战胜你们的神明那里，而不是靠我们的刀剑来获得这些土地和财产，因为刀剑是一种扼杀创造物的极端令人厌恶的、不正义的权力。”（见本书第 30 页）在当地的地主富农勾结克伦威尔政府的军队侮辱和殴打掘地派人的时候，对于这种暴行，温斯坦莱却还宣传“不应该战斗，而应该忍耐”，这就鼓励了资产阶级和新贵族后来更加肆无忌惮地采取大规模军事镇压的手段。

掘地派运动被镇压后一年，温斯坦莱发表了他的一部最成熟的著作《自由法》。在这部著作中，温斯坦莱不但继续捍卫土地公有制的思想，而且还提出了关于未来理想社会的蓝图。因此，这本书被认为是早期空想社会主义的重要文献，与莫尔的《乌托邦》和康帕内拉的《太阳城》一样著名。

《自由法》一书是温斯坦莱主要为了“敬献”给克伦威尔而写的。当时，温斯坦莱对克伦威尔还抱有一定的幻想，因此他天真地相信，克伦威尔会接受他提出的建立以自由为基础的“真正的英吉利共和国的忠告”。

什么是“真正的自由”呢？温斯坦莱在这本书里说，不同的人对这个问题有不同的理解：有人说是贸易的自由，有人说是传教的自由，而有人则说是无约束地同女人交往的自由。温斯坦莱认为这些自由只会导致奴役，都不是真正的自由。在他看来，真正的自由就是使用土地的自由，这也就是共和国赖以建立的基础。

在“真正自由的共和国”里，无论是土地还是土地的果实，都是大家共同的财富，“居民之间都不能进行买卖”（见本书第116页），违者将作为和平和自由的敌人而处死；但是，土地是交给每一个家庭单独耕种的，不过在收下庄稼之后，各家都必须把粮食送进粮库，而不能攫为己有；从事各种手工业的家庭，也必须把自己劳动产品送到专门的商店里。它们所需要的生活资料和生产资料是直接从公共仓库里领来的，自己不需要付钱。为了防止浪费食物的现象，共和国的法律规定每个家庭所领取的食物不得超过实际的需要，如果有浪费的话，“调解人”将对家长“进行谴责，数落他的轻率行为，使他感到惭愧。如果第三次发生这种现象，他将在监督人监督下充当十二个月的仆役，以便让他知道，谋取食物是多么不容易”（见本书第205—206页）。

在温斯坦莱“共和国”中，除了生产是由一家一户分别进行外，消费也具有个人的性质。每一个家庭都拥有自己的房屋、家具和一切用来过“和平生活”的东西，如果有人未得到别人的同意就拿走这些东西或破坏别人住宅的安宁，“他就要被当作共和管理制度的敌人而受到惩罚”（见本书第102页）；与康帕内拉的理想社会“太阳城”中的“公妻制度”①不同，“共和国”内实行的是合理的一

① 参看康帕内拉：《太阳城》，商务印书馆1962年版，第30—36页。

夫一妻制度，如果有人带走了别人的妻子和孩子，或者强奸了别人的妻子和女儿都要受到法律的严惩。

温斯坦莱把生产和科学的活动分为农业、矿业、牧畜业、林业和天文气象五个方面，他认为每个人都必须参加这五种活动中的一种，这样才算是人类的“有益的儿子”；如果有人“只是袖手旁观和空谈他读过和听过的东西，而没有把自己的才干应用到某种个人的活动上来提高生产率”，他就是人类的“无益的儿子”（见本书第 178 页）。“共和国”中将没有“寄生虫和乞丐”存在的余地，因为对这些人都实行“强迫劳动”。

为了“使共和国能够由勤劳的、聪明的、有经验的人建立起来，而不是由愚蠢的懒汉建立起来”（见本书第 177 页），法律要求父母和“公职人员”用正确的方法来教育儿童，这就是“在孩子受过学校教育达到智力成熟以后，再把他们送去学习一种他们的智力和体力都适合的手艺、技术和科学，并且一直学到四十岁为止”（见本书第 178 页）。用这种方法教育出来的儿童，“不会只是学习书本知识而不做其他事情，他们不会成为君主制度下的那种所谓烦琐哲学家”（见本书第 177 页）。温斯坦莱这种把教育同生产结合起来的观点，在当时说来，是非常新颖而且具有十分进步的意义的。

“共和国”的公职人员都是由人民选举出来的，凡是受过封建贵族迫害的并同他们作过斗争的四十岁以上的正直人士，都有资格被选举出来担任共和国的各种职务；所有的公职人员每年都应该改选一次。据温斯坦莱说，所以要这样做，是因为一个人长期担任公职，“会蜕化变质，不再温顺、诚实和关怀弟兄”（见本书第 134 页）；而每年更换一次执政者，“就会促使所有的人保持公正，待人和蔼，以期得到荣誉”

（见本书第 135 页）；“所有破坏秩序的人——醉汉、爱吵架的人、为了怕得罪别人而不敢说实话的愚蠢透顶的人、贪图安逸和热中于争论的人，或是爱唠叨的人”，都“不适宜于被推选出来担任共和国的各种职务”，但是他们“可以有选举权”（见本书第 136 页）。这种通过民意选举公职人员的思想，同康帕内拉《太阳城》中由一个精神贵族即“太阳”终身执掌管理大权的情况，恰好形成了鲜明的对照。

温斯坦莱的《自由法》中所描绘的，虽说是一个虚无缥缈的理想社会，却是一个多少符合当时英国劳动阶级的愿望的共和国的模型。正如我们所知道那样，这个劳动阶级就是现代英国无产阶级的前身，它当时的要求是废除土地私有制，并在共产主义与农民彻底铲除封建制度的愿望结合起来的基础上对社会进行改革。因此，恩格斯把英国大革命时代的掘地派运动，也看成是“作为现代无产阶级的多少发展了的先驱者的那个阶级的独立运动”[①]。尽管温斯坦莱本人显然受过教会的公有制传统的影响，尽管他的著作中还存在着不少宗教的神秘主义观点，但是这并没有妨碍他成为一个远远超过他的同时代人的杰出的思想家，也没有妨碍他的学说成为社会主义思想发展史上的一个重要环节。

郭一民

1965 年 4 月写

1982 年 5 月改

① 恩格斯：《社会主义从空想到科学的发展》。《马克思恩格斯全集》第 19 卷，人民出版社 1963 年版，第 207 页。

目　录

温斯坦莱文选

附　录

真正的平均派举起的旗帜

或

由人子发现和提出的公有制度

威廉·埃弗腊德

约翰·帕麦尔

约翰·骚斯

约翰·科顿

威廉·泰勒

克里斯托弗·克利福德

约翰·巴克

杰腊德·温斯坦莱

理查德·古德格鲁姆

托马斯·斯塔尔

威廉·霍格里尔

罗伯特·索耶

亨利·比克斯塔夫

约翰·泰勒，等人

1

他们开始在塞利郡华尔顿教区圣乔治山的荒地上播种和施肥[1]。

伦敦

1649年刊印

致一切将要读到下列宣言的我的上帝所创造的兄弟

尘世的上帝迷惑了凡人之后，取得了支配凡人和他们的生活的权力，用统治、王国和一切手段同永恒精神和正义之王相对立，施展出全部狡猾手腕和力量来消灭一切造物中的这种精神，把具有这种精神的以及受这种精神引导的、支配的一切人置于死地——他订立法律和制定刑法，其目的是要使各国人民和各种语言都向这个尘世的上帝顶礼膜拜，成为他和他手下的人的臣民，甚至奴隶。而尘世的上帝就是骄横与贪婪，就是世界上万恶的根源；这些邪恶就是施奸计，逞残暴，发号施令，鄙视自己的兄弟，并屠杀那些不愿或不服从他的暴政、不愿或不支持他的统治权力、骄横和贪婪的人。

我曾同下列宣言的起草人和签名人谈过几次话，我从同他们的接触中认识到他们都是心地善良，受永恒的精神和正义之路上的和平之王的指导，以致不敢触犯非正义的行为，而只是希望像自己希望别人对待自己那样去对待一切人，使自己心中充满和平和欢乐（和平和欢乐结合成一种光荣、真挚、爱所有兄弟的精神），满意于衣食，表现出容忍和温柔的精神。这样的人准是进入未来天国的人：

“温顺的人是有福的，因为他们将继承土地。”

第二，他们这种耕种荒地的行为，是一种充满了正义的行为，是对自己的兄弟怀有热爱和仁慈之心的证明。这种行为中没有一丝一毫是同尘世的上帝、傲慢、贪婪、自私和对贪欲的颂扬有关的。

请你们，世界的主宰，仔细读一读，或者哪怕看一遍下面这篇文章吧。啊，理智要是能像法官那样控制着你们的心灵就好了！我向你们保证，这里没有一点点是出于对你们的恶意或仇恨而写的，而是出于对你们——上帝所创造的兄弟们——的热爱而写的，同时，也是为了反对迫使你们的精神陷入奴隶地位的东西而写的；如果你们能够不抱偏见说话，你们的良心就能充当我的证人，而它只会动摇你们下列的行为：强迫自己实行暴政，鞭挞和践踏你们的兄弟，特别是鞭挞和践踏其中这样一些人，他们睁开了眼睛，能够清楚地看见控制着你们的灵魂并且支配着你们的大魔鬼，即暴虐、傲慢和贪婪。这些东西正在把你们引向灭亡：失掉自己原来状态的天使，被拴在黑暗的锁链上直到最后审判日的到来。

永恒的正义精神的天使深入到一切创造物之中。他们都是进行教导的神灵，开导每个创造物用自己的语言来表达天父的意志。“主的天使群共有二千万个天使”。

但是，你们这些地上的伟人，世界的主宰者，失掉自己原来状态和现在被拴在黑暗的锁链上的天使：你们的原来状态是天真无邪的，是同你们的由上帝创造的兄弟们一律平等的。但是，你们对自己兄弟和他们的个性和良心的统治权，你们的骄傲的肉体的自我陶醉，你们对自己的过高估价，这一切都是你们已经陷入那个黑暗的深渊的结果。一切创造物都在奴役之下呻吟着，而现在，它们都在等待解放，并且应该一直等到把阻碍解放的人，把那个罪人，那个基督之敌[2]，即在世人心目中、在人间主宰的心目中凌驾一切神明之上的那个人清除掉为止。

我知道，你们自命不凡，以为自己见多识广，但是你们得到的光明却是黑暗。这是多么浓厚的黑暗啊！在神的光辉照耀下生活的人分辨得出这是黑暗，而你们却把它当做光明。

真正伟大的光明、即灿烂的晨星普照一切，在黑暗中放射光辉，黑暗不可能把它淹没，虽然你们将带着从来没有的鄙视的心情加以摒弃。

我将要得到的，除了肉欲横流的人、领主以扫[3]的反抗、暴力行为和嘲弄之外，不会有任何的东西。我知道，在充满肉欲的眼睛看来，这将被当做愚蠢的尝试而成为招惹别人生气和嘲笑的对象，但使世上主宰者得到安慰和鼓舞的将是生命和光明的力量，以及控制着他们的神明，他将要引导他们，给他们以力量，支持他们，把他们从狮爪和熊掌中拯救出来。

世界上即将完成的事业是伟大的。不要鄙视神明的显灵、神的声音和神的启示；读一读《圣经》吧，预言正在实现；不要学约瑟[4]兄弟们的榜样，对你们不知道的东西也不要乱发议论，因为来自上帝的东西是站得住脚的。尽力去做吧，即使你们在一个时期中遭到失败，但时机很快就会到来，你们的事业又会生根发芽，并且像绿色的月桂树一样茂盛起来。不是从主那里来的一切东西都要衰朽，即使你们用尽全部的聪明才智和力量去支持它们，它们也不会复活。让永恒的精神照耀着你们，使你们具有理智，使你们的行动同理智协调起来——这就是你们的充满热爱的朋友和兄弟的祝愿。

约翰·泰勒

1649年4月20日

给英国当局和全世界当局的宣言

这篇宣言说明了英国平民开始并且赞同在塞利郡的圣乔治山上耕种土地和播种粮食的理由；这篇宣言由签名人和成千上万个赞同这种做法的人发出。

混沌初开之时，伟大的造物主——理智创造了土地，让土地成为共同的财富，让大地上保存野兽、飞禽、鱼和人。人是注定要管理这些创造物的，因为人获得了给与他的管理飞禽走兽和鱼类的权力。但是最初根本没有谈到一部分人将要管理另一部分人。

这是因为每一个人，无论男人或女人，本身都是完善的创造物。而创造地球的神则存在于人的心里，以便人能够管理世界。因为人的肉欲服从于理智，造物主就把理智给与人，使它成为人的教师和导师，人也就不需要到自身之外去寻找导师或管理者，也无需任何人来教训自己，因为人子心中的那个帝王本身，就教给了人一切东西。

但是，从人的肉体（这个野兽之王）开始享受的创造物超过理智和正义的精神（这种精神表现为五种感觉，即听觉、视觉、味觉、嗅觉、触觉）的时候起，他就逐渐陷入精神上的盲目和心灵的软弱的状态，到外面去寻找导师或管理者。于是，自私的考虑就像帝王一样代替了理智，占有五种感觉，并且支配着它们，助长贪婪的心理，唆使一个人去教导和管理另一些人；这样一来，精神被扼杀了，人陷入受奴役的状态，成为自己同胞的奴隶，其程度远远超过野兽。

于是，土地（土地被创造出来是为了成为有助于一切动物——既包括野兽，也包括人——的共同宝库）被篱笆围起来，被导师和管理者所瓜分，而其余的人则变成了仆人和奴隶。按照造物主的本意，土地被创造出来，是为了成为一切动物的共同财富，而现在却被买卖，被少数人所霸占，这是对伟大的造物主的一个极大侮辱，似乎伟大的造物主崇拜个别的人，似乎他很乐意让少数人过丰衣足食的生活，而对其余的人的饥寒交迫则表示庆幸。原先事情并不是这样的。

这种奴隶制度的到来叫做亚当[5]，因为这种外在的管理和教导的权力形成了对和平与自由的精神的一种障碍；起初在心灵上使心灵对别人充满了一种奴隶的恐怖，然后把一些人的身体交给另一些人的外在权力去摆布，以便把前者投入监狱，加以处罚和迫害。这种邪恶由于它本身的贪婪而使我们身受其害。这种贪婪使他变成盲目，使他变得软弱，他已经看不见自己心灵中的正义的法律（这种法律是纯洁的理智之光），而到外界去寻找它，从而使创造物受到奴役和咒诅，使造物主受到欺骗：第一，被导师和管理者欺骗，这些人擅自侵入神的领域，在只有神才是主宰的地方进行教导和管理；第二，被另一些人欺骗，这些人抛弃神，而受自己的同胞的教导和管理。这种情况获得了“以色列的罪恶”的称呼。因为以色列抛弃上帝，把同自己一样的扫罗推选为王，而他们自己虽然具有与扫罗相同的理智和管理的精神，却只是扫罗的臣民。当以色列抛弃外部的教师和管理者，回到上帝面前，受正义之王教导和领导的时候(根据耶利米的预言，这个正义之王在日子到来的时候将在新的天地中执掌王权)，从奴役中获得解放的时刻即将来临(《耶利米书》第二十三章、第五、六节)①。

像一张被火烤得凹凸不平的羊皮纸似的旧世界的现状，在我们看来，正如虚幻的、傲慢的肉体那样衰老不堪；在旧世界目前的状态中，一条聪明的毒蛇钻进人的肉体，获得控制一些人的权力，来管理其他人，以及强迫一部分创造物成为另一部分创造物的奴隶。这样就伤害了双方的精神。一方认为自己是导师和管理者，对自己的兄弟飞扬跋扈；另一方认为自己有缺陷，在精神上产生自卑感，把形状与自己相同的兄弟看做自己的主宰者。

因而，以扫这个充满肉欲的人，即贪婪和骄傲的化身，杀死了雅各这个满怀温柔的感情并用理智进行正义统治的神灵，并对他进行统治。于是，本来为了让一切人过丰衣足食的生活和作为共同宝库而被创造出来的土地，由于一些人对另一些人的不正义行为而变成了一些人折磨另一些人的地方。

但是，伟大的造物主，即理智的神灵，只是在一段有限的时间内忍受贪婪而骄傲的肉体对他的这种轻视和侮辱。因此，他说："产生我存在于其中的创造物的那颗种子，将把这条毒蛇的头砍掉，并且再一次铲除对我的创造物的咒诅和奴役；当我这个正义之王再度在每人心中占据统治地位时，我将成为大地的祝福和各族

① 参看注释第[20]条。

人民的欢乐。”

从障碍或亚当出现的时候起，人们就开始把土地圈起来，交给了兄长以扫这个充满贪欲的人，并且一个人开始向另一个人买卖土地；而弟弟雅各（他是给一切创造物带来自由的全世界日益壮大的正义力量），这个本来应该继承他或追随他的人，却变成了奴仆。

而这位进行奴役的长子，使土地也陷于被奴役状态。为了做到这一点，他不是使用温和的正义的法律，而是用狡猾的自私自利的劝告和赤裸裸的粗鄙的暴力。不然，世上的各族人民间怎么会发生这样的战争和流行关于战争的传说呢？怎么会有这样一些自相残杀的疯人呢？这一切只是为了维持一些人对另一些人的荣誉、统治和财富的世俗私有制。而这是可诅咒的，因为创造物在这种私有制下呻吟和渴求解放。

但是，土地将会重新成为它本应该成为的共同财富，因为《圣经》和理智的一切预言在这个公有制问题上是一致的，人类将重新恢复自己心中已经想好的正义的法律，一切都将尽心竭力去做，那时，这种敌对状态将在一切国家绝迹，因为谁都不敢再强求统治别人，谁都不敢再杀害别人，也不敢再希求得到比别人更多的土地。因为谁要进行统治，利用任何借口把自己的由上帝创造出来的兄弟投入监狱，加以压迫和杀害，谁就是创造物的破坏者和可诅咒的工具，谁就不是走在正义的道路上（“像你希望别人对待你那样地行动吧，不是在口头上而是在实际上热爱你的敌人吧”）。

因此，你们，世界的主宰者，或者兄长——领主以扫，你们这些显然管理着创造物的人首先应该看到，使你们爬上显要地位的力量是自私自利的贪心和骄傲、是要生活在光荣和富足中、是要骑在温和的精神雅各头上的欲望；而雅各是一颗埋藏在穷困的老百姓或小兄弟们中间的种子。从这些人那里一定会发出使一切民族得到解放的祝福。

活的正义之王即理智，只是注视着你，要你自己支配自己，而你自命为光明的天使，实际上却是光天化日之下的魔鬼、亚当和诅咒。创造物正在它的淫威下面呻吟着。现在，你的衰落的时刻来到了，雅各应该站起来。他是全世界的爱和正义的精神，这种精神正在扩大而且一定会扩大到整个世界。

你这教导和管理的肉欲的力量，有三个向你的兄弟们大肆吹嘘的时期。第一个时期从你出现起到摩西[6]到来止（这个时期叫做亚当或障碍）。当时，你这个自私之徒该隐，杀死了你的兄弟亚伯[7]——一个热爱正义、胸襟坦白的人。在挪亚[8]到来之前，你用自己狡猾和野蛮的统治毒害了整个世界；对于世界说来，这个时期就像要生孩子就要使精液流入子宫一样。

从挪亚起到摩西到来以前，你是靠嘲弄、骄傲和残酷的压迫进行统治的；以实玛利反对以撒，以扫反对雅各[9]，你始终是一个充满肉欲的人，你迫害公正的人，迫害理智的神灵。

第二时期从摩西时代起到人子的到来时止。当时，世界处于这样一个时期，即人类还在幼年时期，不能像成年男人那样说话，而只是牙牙学语，用手势来表示自己要说的话的意思：我们看到，很多不会讲话的人都是这样做的。摩西的法律是用象征、祭祀、仪式和习俗的语言表示的。这是一个软弱的时期。在这个时期中，你这个教导和管理的力量，也是压迫者；你只要看看《圣经》就会知道，亚伦[10]和牧师是最先开始欺骗人民的。管理者、帝王和审判官一直是统治海洋的主宰，苦难、压迫和贫困从他的权力下倾泻到大地上来；从那时起，这两种权力就成为可诅咒的东西，它以自己虚伪的、自私的教导和管理，把世界和人类引到窘境和死亡之中，而且情况也只能是这样。因为当人把自己看成是有缺陷的创造物而到外界去寻找教导者和管理者的时候，他就始终与存在他身上的神灵格格不入。

虽然从亚当出现时起，世界就处于黑暗之中，但人们遵循身外的光明和法律的指导，仍然好像哨兵一样的警惕：教导他们的是存在他们身上的神灵，而不是他们身外的肉体；这是亚伯拉罕、以撒、雅各和先知[11]；从那时起，这些人以及和他们相似的人，就成了世界的主宰者在任何时期用自己的自私的法律进行猛烈攻击的目标。

第三时期从人子的降生时候开始（这时还在幼年时代的人开始像快要成年的少年那样讲话了），以及从我们的时代开始（这时，精神已经发生作用了）。啊，你这尘世之人的教导和管理的权力！你用禁闭、贫困和折磨来实行压迫；你的全部力量和智慧都用来颁布法律并用这些法律来反对那些主张普遍自由（也就是雅各的起义）的人；自由并没有完全被这些古老的奴役性法律所扼杀，而是被当作反对襁褓时代的人类的武器保留下来。

啊，你，英国的权力！虽然你曾允诺使英国的人民成为自由的人民，但你是根据自己的自私的本性提出这个问题的，以致使我们遭受更大的奴役和更加沉重的压迫。你不仅用面包皮来约束你的由上帝创造出来的兄弟即老百姓，而且通过自己的反复无常的政府来使一切人惶惑不安。

第一，你强迫人民接受誓约，并且发誓务必实现改革，给站在自己岗位上的每个人以自由。但是，当人们按照这个誓约办事的时候，他们就被关进监狱，受官吏、法院和所谓审判官的压迫。

你颁布了一些废除压迫人的、教皇的[12]、主教的、专制的法律，以及关于特权的法律的法令。但是我们看到，专制和特权的权力是事实上进行统治的固定不变的伟大法律，而其他的法律只是一纸空文。

你作出了很多允诺和保证，说要把国家变成自由的国家。但是，你保证要赐予自由的人民直到今天仍旧受着法院、查封、审判、治安法官、书记、所谓管事、委员会等等的压迫，仍旧被投进监狱，经常被迫消耗掉能够使他们免于饿死的面包。

而这一切都是由于他们希望保持普遍自由而产生的。自由不仅是我们的造物主赐给我们的天赋权利，而且也是你在把我们从以前那个进行压迫的而现在已被推翻的权力下解放出来以后，曾经答应要归还给我们的权利；这个自由是我们用自己的金钱、交纳的税款、提供的宿营地和流出的鲜血换来的。这一切，你是从我们手中拿去的，但到现在为止，你还没有履行与我们订立的协议上所规定的义务。

啊，你，亚当，你，以扫，你，该隐，你，伪善的充满肉欲的人！你什么时候才不再屠杀自己的兄弟。当然，把创造物从奴役下解放出来这样一桩伟大的事业不是你所能够完成的，因为你已经完全毁灭，沉入贪婪、骄傲和冷酷无情的大海中。祝福将从你所践踏的尘埃中发出，也就是说，被人轻视的穷苦的人民将拯救本国和一切国家，而你将羞愧得无地自容。

当我们的肉体还处在你的控制之下的时候，我们的精神就在安静与和平之中等待我们的上帝来解救；如果他把我们的鲜血交给你去挥洒，那就是说，他是我们的万能的领导者。如果你们有些人为了保存对创造物施加的暴政和压迫而流自己的鲜血，那么我们乐意献出我们的鲜血和生命，用温柔的感情来巩固普遍的自由，使创造物不致受到我们所遭受的诅咒。

我们并不靠武器来做到这一点，我们仇恨武器，因为只有梅迪人*才会自相残杀，但是我们服从那个战神，他在我们中间显灵，并且告诉我们说，本着正义的精神共同耕种土地，吃我们自己流汗打下的粮食，既不付给别人工钱，也不领取别人所给的工钱，而是一起做工，一起吃饭，像一个人一样，或者说，像从奴役状态下解放出来的以色列家族[13]一样。所以我们力求利用我们身上的理智和正义法律的力量使创造物从世俗私有制的奴役下恢复本来的面貌；而现在，创造物正在这种奴役下呻吟着。

我们应该向你们——最高会议[14]和你——英国的大军[15]发出这个宣言，使你们知道我们希望得到一些什么，以及你们根据自己所订的条约和所作的诺言必须给予我们一些什么，同时使你们能够加入我们这一运动与我们一起去取得和平。如果不是这样，如果你们与我们作对，那么我们就靠我们的著作，靠发布这个宣言来取得和平。这样一来，你们可就没有办法为自己辩解了。

我们打算着手做的工作是：一起辛勤地去开垦和耕种乔治山及其附近的荒地，播种粮食，收获自己的粮食。

---

* 居住在今苏丹和乌干达境内尼罗河两岸的一个非洲民族。——译者注

第一个理由是:我们应该本着正义去工作,为把土地变成一切人(既包括富人,也包括穷人)的共同财富奠定基础,使在本国出生的每一个人都能靠对自己有养育之恩的土地母亲而生活;根据支配创造物的理智,不把某一部分人交给另一些人去支配,而是所有的人都像一个人一样,一起工作,一起吃饭,像一个父亲的儿子一样,像一个家庭的成员一样,没有哪一个人将统治另一个人,大家彼此都把对方看作上帝创造出来与自己平等的成员,以便使我们的造物主由于自己亲手所做的事业而受到赞扬,以便每一个人都能看到,造物主并不崇拜个别人,而是同样喜爱自己的一切创造物,只是仇恨毒蛇即贪婪。而这种贪婪现在已经发展成为自私的自负心理、傲慢、伪善和肮脏念头,也就是发展成为这种东西:追逐财富和肉体荣誉,反对创造一切创造物的理智精神;因为这是腐败和诅咒,是魔鬼,是谎言之父,是死亡和奴役,是创造物应该从它的羁绊下解放出来的毒蛇和恶龙。

这个原因推动着我们,通过神的显灵、神的声音和神的启示对我们揭示的其他原因也推动着我们。

因为神向我们启示道,如果我们或者其他什么人承认土地是领主和地主的特殊利益的对象,而不是其他人和他们自己的共同财产,我们就理应受到诅咒,而且使创造物处于被奴役的地位。如果我们或者其他什么人随着地主和所有主承认,一些人有权把土地叫做是自己的,而另一些人则向他们租用土地;或者承认一些人可以出租土地,而另一些人则只好在租来的土地上劳动,那也就是辱没了造物主的事业。这样一来,就好像公正的造物主是看人办事,因此为了少数人而不是为一切人创造了土地。如果我们或者其他什么人还保存着私有财产，我们就是同意让创造物陷于被奴役的地位（它正在奴役下呻吟），阻碍复兴的事业，违背神赐给我们的光明，由于害怕触犯充满私欲的人而丧失了自己的和平。

至于这种私有财产为什么是一种诅咒，用下面一点就可以说明：那些买卖土地和身为地主的人，他们不是靠压迫就是靠杀戮或偷窃的办法来得到土地的；所有地主过的生活都违反了第七诫“不杀人”和第八诫“不偷窃”。

他们首先是用压迫的办法，用自己的狡猾的捏造和贪心来哄骗心地善良的贫农或兄弟，迫使他们为自己工作，只付给他们很少一点工钱，而从他们的劳动中取得大量的利润；或者贫农用自己的劳动把暴君们送到高位上，让他们来统治自己。地主或者用自己贪婪的歪才吸引心地单纯的人做买卖，从而使自己发财，使别人破产；或者依靠自己的狡计而占据了受人信赖的地位，强迫人民为公共需要捐款，而他们却把大部分的捐款塞进自己的腰包。这样，他们就用压迫的办法取得了这些款项。

其次，是依靠杀戮的办法。他们利用自己的智谋，妄想用刀剑来保卫人民的安全；他们从高薪、无数的宿营地和其他各种被他们攫为己有的收入中得到了大批的金钱，用这些钱购置了土地而成为地主。正如经验所证明的那样，当他们成了地主，他们就爬到法官、管理者和国家官吏的地位上去。但是，这一切都只是得到贪欲所制定的法律的鼓励的血腥而又狡猾的偷窃，并且违反了第七诫——“不杀人”。

第三，还违反第八诫——“不偷窃”。这些地主就是这样从自己兄弟那里窃夺了土地，而根据理智和造物主的法律，这些兄弟是应该拥有和地主同样多的土地的。

这样一些人利用土地上的东西发了大财，然后，用花言巧语取得心地单纯的人们的信任，欺骗他们，使他们陷入混乱和盲目之中，于是，这些人就上升到教导者、管理者和立法者的地位，骑在把他们捧到这种地位上去的人们的头上；似乎土地是专门为他们而不是为其他人的福利而创造的。如果你们把自己的目光稍稍回顾一下，你们就会发现，这种外部的教导和指导的权力是尼布甲尼撒*时代强加在古代以色列身上的巴比伦枷锁[16]。从那时起，节节胜利的敌人就把这个枷锁强加在以色列身上，以便压制雅各。敌人对以色列最后一次征服性的胜利，是诺曼人征服英国[17]。从那时起，国王、领主、法官、法庭、管事、凶恶的暴徒——自由持有农[18]就一直存在。诺曼的低能儿威廉本人，他的校官、尉官和下级军官以及普通士兵，从那时起一直到现在，都在利用自己的胜利，把贫穷的被征服的英国人即以色列人投入监狱，加以掠夺和杀害。

十分清楚，当需要选举受委托的人员或国家官吏的时候，选民都是自由持有农和地主，而他们都是遍布全国各地的普通的诺曼士兵。而谁应该当选呢？当然是某个十分富有的人，这个人是诺曼的校官或者高级军官的继承人。他们这样被选出来是为了什么目的呢？只是为了更有力地巩固诺曼人对被征服的英国的控制权，是为了在英国鼓起勇气要求自由的时候再一次把它压服下去。

所有这些为了控制和限制的法律，这些自古以来每当实行征

---

* 尼布甲尼撒，是公元前604—前562/561年间的新巴比伦的国王。——译者注

服以后都要颁布的、现在又受到仇恨人民的心理的支持的法律，到底是一些什么东西呢？我要问，这些法律是些什么东西呢？它们只不过是绳索和脚镣手铐而已。被征服的英国人像纽盖特监牢[19]中的囚徒一样，戴上脚镣手铐沿街行走。压迫者诺曼人及其后继者，世世代代都用这些东西奴役穷人，杀害自己的兄弟，不让雅各站立起来。

啊，英国的主宰者，你们生活在多么可怕的谬误中啊！你们一面要求挣脱诺曼人的桎梏和巴比伦的权力，并且答应让被压抑的英国人民成为自由的人民，一面却仍然保留这种诺曼人的桎梏和奴役的暴政，仍然使人民陷于低能的征服者及其军事会议曾经使人民陷入的那种奴役的地位。

要知道，在无地的贫农还未得到允许耕种村社的土地，还没有生活得像住在自己圈地上的地主那样富裕以前，英国不会有自由的人民。因为人民拿出自己的金钱和流出自己的鲜血，不是为了让他们的地主、诺曼人的权力仍然像以前那样通过自己的领主、地主、法官、法庭、管事和国家奴仆，为所欲为地进行残暴的统治，而是为了使被压迫的人们获得解放，为了监狱的大门能够打开来，为了人民的心情能够由于普遍同意把土地变为共同宝库而平静下来，为了使人民能够像被统一精神中的手足之情联系在一起的统一的以色列家族那样生活，共同享用能够保证公社生活的共同的母亲——土地。

如果你们仔细看看全国的情况，你们就会发现，地主、教导者和管理者是压迫者、杀人犯和掠夺者。但是，最初的情况并不是这样的。这也是我们之所以一起开垦和耕种土地，使我们能够在正义中劳动，并把创造物从奴役中拯救出来的原因之一。如果我们在这个没有道德的制度下承认地主，我们就不可能在正义中劳动，因为这样，我们就会像以前那样支持诅咒，践踏创造物，侮辱普遍自由的精神，并且阻碍复兴的事业。

第二，我们开始垦殖圣乔治山上的土地，是为了能够一起吃自己的面包——我们辛勤进行的正义工作的果实，因为神在梦中或不在梦中都向我们指出，我们应该在这个地方奠定基础。虽然从贪欲的观点看来，这是一块不毛之地，但是，我们应该相信神的祝福。而且不仅这块公社土地或者荒地将被人民耕种，而且英国和全世界的公社土地和荒地都将被没有财产的人公正地拿来耕种。土地将要成为共同的宝库，它最初就是作为一切人的共同宝库被创造出来的。

第三，我们都很清楚，《圣经》、先知、使徒、关于犹太人的使命和以色列的复兴，以及关于把这个民族变成一切土地的继承者的一切预言、神的显灵和启示，都与把土地变成共同宝库这个任务有关。关于这一点，你们从《以西结书》第二十四章第二十六、二十七节和《耶利米书》第三十三章中[20]都可以读到。

人子离开使徒之后，他的圣灵就依附到在耶路撒冷等他的使徒和兄弟身上；富人卖掉了自己的领地，把其中一部分给了穷人，没有一个人说，他占有的东西应该属于他的，因为他们的一切都是公共的（《使徒行传》第四章、第三十二节）[21]。

现在，这个公社被贪婪而骄傲的肉体，被这个统治着世界的权力所摧毁；正义之父本身暂时忍受着这种摧残，忍受着时间或者时间的划分的折磨，四十二个月或者三天半都是一样，都是同样的时间。而现在，世界到了中午；基督徒的精神，即世界公社和自由的精神，已经复活，它正在上升，并将越升越高，直到西罗亚[22]的纯洁之水、即一切创造物的生命和自由的源泉漫过堤坝，淹没依附、诅咒和奴役的河岸。

第四，把土地变成共同的宝库这件事，是神在显灵时和没有显灵时用下面的话告诉我们的："一起工作吧，一起吃面包吧，到处都去宣传这一真理吧。"

我们三次听到这个声音。我们遵照神的旨意，一有机会就宣传这一真理。第二，我们用书面宣传这一点，这样，让别人也可以读到。第三，现在我们开始用行动来实现这一点，即耕种公社的土地，以便我们能够按照正义的精神在一起吃我们的面包。凡是做工的人都会吃到自己劳动的果实，并且每个人将会得到与别人相等的份额。听见神的声音又这样说：

"以色列人既不应该领取工钱也不应该付给工钱。"

事情果真是这样的话，谁也不会说：这是我的土地，你为我做工，我给你工钱。因为土地是上帝的，而上帝是人类的每一支的主人。正如我们人体的各个部分构成一个完整的躯体一样，每个单独的人只是人类的一员或分支，而生活在光明和服从理性这个正义之王中的人类，也就是创造物的完全的、完整的主人，一切土地都属于这个主人——作为神的臣民的人，而不是自私和敌视神的贪婪而骄傲的肉体的遗产。

如果土地不属于人类的某一分支或某些分支，而是所有人的遗产，那么，它就是自由的，是大家所共有的，是为了让大家一起工作，一起吃饭。

实际上，你们这些世界的谋士和主宰者，是知道这些道理的。无论哪里的人民，只要他们被生活资料的公有制联合起来，那里就成了世界上最强大的国家，因为他们将会像一个人一样保卫自己的遗产。最大的幸福是和平与自由，它们就是这种国家或城市的城墙和堡垒。

与此相反，争夺财产和私利使人民、国家和全世界分成若干集团，引起战争和流血，到处都产生纷争。

在神显灵时又听见他说：

“谁为爬到统治别人的地位的某一个人或很多人耕种土地，而不把自己看成主所创造的与别人平等的人，上帝就要捉拿这个劳动者。我是上帝，我说到就做到。”

这也就是向一切劳动者和被称为贫民的人们宣布，他们不能为拿工钱而替任何地主做工，也不能替置于别人之上的人做工，因为这样做，他们就用自己的劳动创造了暴君和暴政，而当他们拒绝为了租地而替他们做工时，就会再度把暴君推翻；谁替别人做工，不管是为了拿工钱还是为了顶替地租，都是在干不正义的事，继续支持灾祸；而谁要是决定共同劳动，共同吃饭，把土地变成共有的宝库，他也就把自己的手与基督的手拉在一起，以便把创造物从奴役中拯救出来，把一切从灾祸中解放出来。

第五，促使我们继续做这件事的是：我们心中感觉到对一切人——不论他们是敌人还是朋友——都有一股热爱的泉源；我们希望没有一个人生活在贫穷、困苦或侮辱之中，每个人都能享受到自己所创造的一切物质财富。我们心中充满和平，以及从我们的劳动中产生的平静的幸福，充满甜蜜的满足心情，虽然我们吃的是菜根和面包。

我们相信，由于在我们身上显现出来的神的力量使得我们健壮起来，当我们为神工作的时候，就既不怕坐牢，也不怕死。我们定居下来，并且已经计算过，我们所做的工作将使我们得到多少东西，现在我们知道了全部数目，就决定献出我们所有的一切，来购买我们在田地上看到的珍珠。

这种劳动使我们产生信心，而且理智使其他的人也会了解到，奴隶制度将被铲除，人们将不再流泪，所有穷人都会由于自己从事的正义工作而使自己生活得到改善，将会摆脱贫穷和困苦，因为由于这种复兴的工作，以色列将会没有乞丐，如果真正的以色列没有乞丐，那么，与它类似的精神上的以色列，当然也不再会有乞丐了。

第六，我们还要指出一点，就是这个工作将会进行得十分顺利，因为我们看到，时间就要过去。时间一过，即当世界的主宰者使所有的土地溃烂，并且借口根据摩西十诫的条文要用供品来按时祭奉神明而对别人实行压迫的时候，人子基督就会来临；而牧师已变得这样贪婪和高傲，迫使人民抛弃了供品，而在他们的压抑人的骄横的重压下呻吟。

同样地，在现在，在世界的这一世纪，在神就要复活的时候，时间会更加迅速地到来。在过去的年代，人们往往满足于举行祭祀和遵守法律条文，但是对神的名字甚至都要进行迫害；现在，教授们也同样满足于单纯遵守形式和习俗，并自命为神，但是迫害、嫉妒和仇恨神的力量现在也和从前一样，一切都散发着教训者和统治者的最浓厚的自私心的恶臭。难道我没有看见，每个人都是为金钱而进行宣传，为金钱而提出建议，为金钱而进行斗争，以便维护私利。这三种人都说要使创造物获得自由，而事实上，其中任何一种人都没有提供过自由。他们也不可能提供自由，因为他们是普遍自由的敌人。土地由于他们的伪善、贪婪、嫉妒、愚昧无知和十分高傲而变得臭气熏天了。

平民陶醉在讲台上和会议桌上所说的好话中，而不是好事中。人们等待幸福，等待解放，但是幸福和解放都没有到来。当他们期待自由的时候，却遭到了更沉重的奴役——重负、压迫、税吏、审讯、法学家、管事、委员会、什一税的征收人、治安法官的书记、所谓审判法院——这一切借助旧日的罗马教皇的过时的法律鞭打着人民，而这些法律早就被条约、誓言和命令所废除，但直到现在还未被抛弃，而且很快就死灰复燃，成了我们眼中钉或肉中刺。除此之外，还有军事宿营地、某些粗鲁士兵的掠夺行为，以及大量的苛捐杂税。这些税款如果由士兵平分，而不是几乎完全落入某些军官和公职人员的腰包，抱怨也许会少一些。此外，还有买卖方面的骇人听闻的欺骗、地主、领主和法庭季度开庭期的残酷压迫。很多以前据说当过正直的主人的人，因为无法维持生活被迫当兵，为维护灾祸而打仗，不然他就会生活在极度的贫困之中。而你们，土地上的亚当们，你们有华丽的礼服，肚子吃得饱饱的，身居高位，养尊处优，可是你们却看不起这一切。但是，狠毒的法老，你要知道，审判的日子已经到来，很快就要轮到你的头上。雅各被压到很低的地位，但他在不断上升，虽然你做尽了坏事。你所压迫的穷人，将成为国家的救星，因为他将得到祝福，而你将被唾弃。

因此，你们，英国和全世界的主宰者，我们对你们谈到了我们在塞利郡圣乔治山上开始耕种土地的原因。最后，我还应该对你

们谈到一点，也就是神另外一次对我说的话；当我听到这个启示的时候，就把目光转向了你们。这话是："给以色列以自由。"

当然，正如以色列在摩西被派去解放它以前的四百三十年中一直遭受法老的奴役一样，以色列及其类似的东西（扩及儿女身上的崇高的精神）遭受你们的奴役和残酷的收税人的奴役，已经有了三倍于这样长的时间。但是，解放的时间现在已经到来，你这个骄傲的以扫和残酷无情的贪婪精神，一定会倒下，再也不能成为创造物的主人：因为正义之王现在已经起来统治世界，统治世上的万物。

因此，如果你想得到宽恕，你就给以色列以自由，立即打碎私有财产的枷锁，不要为了压迫而杀人，不要压榨和掠夺，不要买卖土地，而要抛弃地主的私有权，不要收租，而要毫无怨言地痛痛快快同意把土地变成共有的宝库，以便使弟弟能像自己的兄长那样，在土地上得到有保障的生活，以便使一切人都能够享受自己所创造的果实。

这样，你就是孝敬了你的父母。你的父亲就是公社之神，他创造了一切，他无所不在。你的母亲——土地，抚育了我们所有的人。它像真正的母亲那样，喜欢自己所有的孩子。因此，不要用圈地以及把圈地交给个别人的办法，去妨碍土地母亲哺育自己所有的孩子，不要靠自己的权力来维护这种可诅咒的圈地奴役制。

你要对自己的掠夺行为表示忏悔，忏悔自己顽固地违背了第八诫，偷窃自己的由上帝创造出来的兄长或弟弟的土地（我前面已经谈到）。你和你的一切地主，过去和现在都生活在违背这一诫条之中。

今后，除了统治着和存在于每个人身上和一切人身上的唯一的正义之王，你再没有另外的上帝或统治权力。现在，你却有很多上帝，那就是贪婪、傲慢和嫉妒的杀人的风习（你用监禁和判处绞刑的办法杀死妨碍你的人，虽然他们的事业是纯洁的、健全的和正义的）。你的上帝是自私自利和奴隶般的恐惧心理，担心自己为别人服务而别人不为自己服务；你的上帝是伪善的，是一种肉欲，它既不履行诺言，也不遵守条约或禁令。你的上帝就是对金钱、荣耀和优裕生活的爱慕。所有这一切，再加上你的统治权力，就使你变得盲目和残酷无情，以致使你不会也不希望去同情别人的悲伤，即使他们由于缺少面包而死在这个富足的城市，或倒毙在你的面前。

因此，我再说一遍：给以色列以自由，使穷人能够耕种荒地，得到自己土地母亲的哺育，而不致饿死。你这样做也就是恪守了叫做安息日的礼拜六，尝到正义之神的和平的甜头，并且取得和平，住在和平生活的人民之中。这将是你从未有过的安息日。

我不想威胁你们，因为对你们是不能施加威胁的，但是我以主的名义说话，主推动着我，要我转告你们：是的，我说，我命令你给以色列以自由，以便能够大家和平地聚居在我向你们指定的地方，而不再使它处于受奴役的地位。

而你，使土地受到奴役、受到诅咒的亚当，如果你不给以色列以自由（因为你比同你相似的古代法老还要顽固、还要有力），那你会看到，既然我惩办法老十次，我就会加倍来惩办你，直到你变得软弱无力、身败名裂时为止。而我将用伸开巨掌的强有力的手，把我的人民解救出来。

这样，我们说明了在塞利郡圣乔治山上耕种土地的原因之后，我们的内心也就轻松了一些；我们这样说明一下，是为了使我国的最高会议和军队能够注意到，我们这个举动没有任何想要引起纷扰和冲突的企图，而只有一个愿望，即一起在正义中工作，和平地享受土地的祝福，辛勤地去取得糊口的面包。如果你们当今的伟人们有谁由于受过温室里的教育而不能工作，那就让他为这个共有宝库作出自己的贡献，作为送给正义事业的一份礼物，而我们将替你们工作，你们将同我们一样得到东西。如果你们不愿意这样做，而要像法老那样叫喊：要我们服从的那个上帝是谁？并且企图抵抗，那就要知道：在古代把以色列从法老手中解放出来，并且直到现在还有同样威力的那个人（他是我们所信赖的和我们愿意为之服务的），“正如军队之神所说的，不是依靠刀剑或枪炮，而是依靠我的精神”将战胜你们。

威廉·埃弗腊德
约翰·帕麦尔
约翰·骚斯
约翰·科顿
威廉·泰勒
克里斯托弗·克利福德
约翰·巴克

杰腊德·温斯坦莱
理查德·古德格鲁姆
托马斯·斯塔尔
威廉·霍格里尔
罗伯特·索耶
托马斯·艾迪尔
亨利·比克斯塔夫
约翰·泰勒，等人

英国被压迫的穷人向全国所有自称或被人称为领主的人发出的宣言

后者已经开始砍伐或者出于恐惧和贪婪而打算砍伐村社土地上和荒地上的森林和树木

1649年刊印

英国被压迫的穷人的宣言[23]

我们这些签名的人，以英国所有被压迫的穷人的名义进行活动，并且向你们这些自称国家的庄园主和领主的人宣称，正义之王即我们的造物主，是这样地开导我们的，以致使我们看到，土地并不是专为你们而创造，使你们成为土地的主人，而使我们成为你们的奴隶、仆人和乞丐的；土地被创造出来，是要成为所有一切人的共同的必需的财产；你们互相买卖土地及其果实，是战争带来的可诅咒的事情，它肯定了而且直到现在还肯定一部分人对所有其余的人进行杀戮和盗窃的权利，这是使创造物在其淫威下发出怨言的最大的外部压迫和非正义的权力。因为把土地圈起来攫为己有的权力，是你们的祖先凭着刀剑的力量带给创造物的，他们先用刀剑杀死自己由上帝创造出来的兄弟——人，然后掠夺和窃取他们的土地，把这些土地当作遗产留给你们，也就是留给自己的子女。因此，即使你们没有亲自杀人和偷窃，你们也是靠刀剑的力量把这种可诅咒的权利掌握在自己的手中，从而也就是为你们的父辈的邪恶进行辩护。而你们的父辈的这种罪恶就落到你们头上，落到你们第三代、第四代的儿女头上，而且将会继续下去，直到你们血腥的、强盗的权力从这块土地上被连根铲除的时候为止。

其次，正义之王使我们自觉到遭受压迫，他了解我们内心的呼

喊和怨言：被我们看作是他热爱我们的证据是，我们的心开始摆脱了对你们这一类人的奴隶般的恐惧，我们有了建筑在互爱的内在规律基础上耕种全英国公社土地和荒地的决心，我们说的话不会受到任何的谴责，连你们的法律也不能触犯我们，使我们继续遭受压迫，只要你们不根据你们的法律再使我们流出自己无辜的鲜血。

虽然你们和你们的祖先用杀戮和偷窃的办法得到了你们的财产，并且用这种手段使我们得不到这种财产，但根据造物主的正义法律我们有同你们一样的权利来得到土地，而没有理由（正如你们没有理由一样）由于这种叫做私有财产的兴风作浪的魔鬼而发生争吵，因为土地及其一切果实——五谷、牲畜等等，是作为全人类（不管是朋友还是敌人）的共同的食品宝库而创造出来的。

为了预防你们可能提出的一切微不足道的反对意见，我们请你们注意到一点，那就是我们不应该进行买卖。金钱再也不应该成为（在我们的土地公有事业实现之后）使一些人进入围墙之内而把另一些人抛出围墙以外的伟大的神，因为金钱只是土地的一部分。当然，作为万物之王的正义的造物主，从来没有命令一部分人把这些矿藏（金银）攫为己有，而让另一部分与他们相同的人永远吃不饱穿不暖。当然不是这样，因为这是暴君（他的子孙是地主[24]，他们的形象镌刻在金钱上）的思想。他们制定了非正义的法律，根据这种法律，任何一个人如果手里没有这种镌刻在金银上的形象，就不能进行买卖，不能吃饭穿衣，不能有足够的生活资料。

虽然《圣经》上说，野兽的印记是666[25]，这是人的数目，谁手里或他的额头上没有这种印记，谁就不能做买卖（《启示录》第十三章十六节）我们看到，英国铸币上的字母加在一起是666这个数目,即被人称为王权和光荣的数目;我们看到,造物主的世纪现在接近于野兽的形象或中午,这个世纪的印记是666。但是,我们希望这将是最后一个进行统治的暴政,此后人民将能自由生活,使用土地,手里或诺言中不再带有野兽的印记,大家买酒或牛奶都不付钱,或者这些东西都没有价格,就像以赛亚说的那样。

因为,当我们的土地公有的事业向前推进之后,我们使用金银将像我们使用其他的金属一样,目的不是为了用它来进行买卖,因为买卖是一种极大的欺骗行为,互相掠夺或偷窃土地就是通过这种欺骗行为来进行的;这种欺骗使一些人成为领主,另一些人成为乞丐,一些人成为统治者,另一些人成为被统治者,并使大杀人犯和大盗窃犯成为摧毁小人物或心地善良的人们的狱吏和刽子手。

既然我们同心同德地共同耕种土地,既然我们成为自由人,使每个人(不管是朋友或仇敌)都享受造物主的财富,即从自己的土地母亲那里得到食物和衣服,那么,任何一个臣民,除了向无所不在的而现在站立起来统治万物和整个世界的唯一的正义裁判人、和平之王、正义之神报告自己的思想和言行外,便不需要向哪一个人报告。我们说,是的,既然我们不准备阻止任何人去享受创造他时就赋予他的、对任何人都是平等的权利,那么,你们要夺取对我们的统治权,除了颁布进行奴役的或让无辜者流血的压迫和暴虐的法律外,还能够颁布什么法律呢?你们要是这样做,你们这些法官、法学家和法庭本身就将成为人类最大的罪人,与人类为敌。

现在,我们来进一步叙述一下我们对希望得到什么和最想得到什么的看法(正像有节制的正义的理智指点我们那样):我们希望看到把我们的权利交还我们。这种权利是上帝在创造我们时就赋予我们的，但是直到现在，我们和我们父辈的这种权利都未得到别人的承认。而且从刀剑开始统治以来，从创造物的秘密被大专学校中对学生灌输的千篇一律的鹦鹉学舌式的胡言乱语[26]封锁以来，从屠杀和掠夺的刀剑的权力像从前和现在那样在最近几年中建立了政府并对它加以支持以来，情况就是这样；而监狱和死刑也无非是强迫人民服从这种占统治地位的刀剑的权力。这种统治权力是靠征服和刀剑夺来的，而且只有借助于这个杀人的权力，它本身才能维持下去。凭刀剑取得而又靠刀剑维持的对人民的统治权，不是由正义之王作为它的法律而建立的，而是由现世的伟大的神——贪婪所确立的。这种伟大的神被允许暂时在一段时期内、在一个阶段内进行统治，而它的统治现在已接近于被容许的时间的最后期限，以后人民将会看到本着正义、不用刀剑和长矛进行统治的另一种统治制度的光荣。

其次，我们从心中感觉到正义的权力，力求别人也和自己一样得到生活资料的保障。因此，我们挺起身来，根据上面已经说明过的原因开始耕种村社土地和荒地。同时，我们是穷人，需要食物，以备我们在耕地、播种和等待第一次收获这段时间内食用，并且需要犁、大车、谷物之类耕种村社土地所用的物资。因此，我们同意向你们以及所有掌握土地上的宝物的人谈一下我们的条件。你们把这些宝物藏在你们的口袋、箱子和仓库里，一点也不愿拿出来放进公库，宁可让你们的由上帝所创造的兄弟（根据造物主的法律，他们有着同你们一样利用土地的权利）因为没有面包而饿死。但是，我们只是顺便向你们以及向只是为了把土地的果实攫为己有、严加保管、不让它们原来的主人得到而采取买卖土地及其果实的狡猾手段的一切人说明这一点，以便让你们知道，这种贪婪的、傲慢的、非正义的、自私自利的肉欲，在审判日到来时是不会得到宽恕的。

因此，我们极力要达到的、我们为之而宣布我们的言行的决心的主要之点，就是砍伐森林。因为我们都很穷，我们就要尽可能更好地来放倒、砍伐和利用村社土地上的森林和树木，作为我们自己和我们全国的穷兄弟在村社土地上盖房子的材料，以便使我们能够在我们的土地上的劳动果实没有增加以前得到面包。当你们身上的神明还没有迫使你们放弃你们靠杀戮和偷窃的手段得到的、现在还掌握在你们手中的土地和财产以前，我们不会去触动你们的领地，而只会去触动叫做村社土地的领地；而当你们身上的神明迫使你们放弃这些土地和财产的时候，我们就从战胜你们的神明那里，而不是靠我们的刀剑来获得这些土地和财产，因为刀剑是一种扼杀创造物的极端令人厌恶的、不正义的权力。人子[27]不是来毁灭人的，而是来拯救人的。

我们应当把这份宣言分发给其他地区，让接到这份宣言的每一个人都了解它的内容，因为我们注意到下面这个事实：我们看见和听说你们当中某些人，即过去的庄园[28]主，为了供自己之用，竟命令砍伐村社土地[29]上的树木和森林。据你们说，这些树木和森林似乎也是属于王权的。这就使得村社的土地一天天少下去。你们自己也曾经亲口承认，这些土地是属于穷人的，可是你们却偷窃被压迫的穷人的权利，欺骗他们，并且对我们一些被压迫的穷兄弟说，我们当中那些已经开始耕种村社土地的人是想妨碍穷人。你们想用这种方法来模糊他们的视线，使他们看不见自己的权利，同时你们和富裕的自由持有农却从村社的土地上取得最大的利益，把你们的牛羊都赶到村社土地上去放牧，名义上占有村社土地的穷人，却只有很少一点点土地。如果他们在村社的土地上砍伐森林或灌木，或者收集泥炭或帚石南（在那些地方，你们禁止做这些事情），你们还要扣留他们。

因此，我们决定不再受骗，并且不许你们使我们怀有对你们的奴隶般的恐惧，因为土地是上帝为你们、同样也为我们创造的。既然村社的土地属于我们这些被压迫的穷人，那么村社土地上生长的树木当然也是属于我们的。因此，我们决定试用理智向我们提醒的一切方法，来探明我们将要成为自由人还是奴隶。如果我们不采取任何措施，任凭你们窃取我们的天赋权利，我们就会灭亡；如果我们呈递请愿书，我们也要灭亡，即使我们纳过税，让出了自己的房屋作宿营地，并且像你们一样，在争取人民的自由的斗争中冒了生命的危险，因而根据法律和同你们所订的协议，在国内与你们享有同样的自由，与你们是完全平等的。如果我们为了自由而饿死，而你们的屠杀性的统治人的法律还要消灭我们，我们就只有死路一条。

因此，我们要求而且已经决定占有村社的土地和村社土地上的树木，以求获得生活资料，并且把你们看做与我们平等的人，而不是看做比我们高一等的人。我们明明白白地知道，我们的祖国——英国应该成为所有一切人的共同的生活资料的宝库。

此外，我们向你们这些打算砍伐村社土地上的森林和树木的人宣布，我们以前已经说过，除非为我们采伐木料，你们就不应该砍伐林木。而且你们应该把我们可以伐木的事，到处张贴告示通知我们，以便让那些住在附近的被压迫的穷人可以取得和利用这些木料，以满足自己的公共需要。因此，请注意，我们是以英国社会和全世界人民的名义提出这个要求的，因为这就是创造物的公正的自由。

我们还向你们宣布：如果谁已经开始砍伐村社土地上的森林和树木，并且已经把这些树木放倒和运走供自己使用，那么，你们就应该制止他，不再让他继续干下去。我们希望英吉利共和国的朋友，没有一个人会向这些所谓领主的人购买村社的树木；这些领主利用自己的杀人的欺骗性的法律，偷窃了兄弟的土地，而根据造物主的法律，这些兄弟有与别人相等的一块固定的土地。因此，我们希望一切木材商人放弃所有这一类私人商品，因为这些商品是从被压迫的穷人那里抢来的，并且考虑我们所宣布的决定。但是，如果你们这些木材商人有人为了穷人的利益、为了公社的土地的利益而向穷人购买或者向被我们指定出售这些商品的人购买，那是会安全地不受损失地买到的。但是，如果你们在这件事情上欺骗我们，那你们就不要怪我们扣留你们派来的大车，并且把树木用在我们需要的地方。因为树木是我们的财产，就像是那些自称为领主的人的财产一样。这些人没有任何驱逐我们的特殊权利，而只应该与我们、即他们的由上帝创造出来的兄弟们共同享用劳动果实。

我们说，我们的目的是要把这些公社的树木拿去卖掉，以便首先使我们自己和我们的儿女在我们死后有一些储蓄，以便耕种公社的土地，因为我们将竭力通过我们的正义行为使土地遗留给我们的子女的时候不被唯利是图的私有主所占据，而是成为公有的

土地，成为所有一切人的共同宝库。我们认为自己的职责是要尽一切力量使每个人都站在自己的岗位上（根据议会批准的民族圣约），力求进行改革，以保持缴过税和提供过宿营地的人的自由，也保持拿过刀剑或者拿了我们的金钱用于公共需要的人的自由。如果改革必须根据上帝的意旨来完成，那么，每个人就都应该毫无例外地根据自己的创造来享受福利和自由。我们说，我们认为我们的职责是为此而集中全部力量，因此，谁要反对我们，到了审判日，我们就不会饶恕他；如果那些拿了我们的钱、答应给我们自由的人变成了反对我们的暴君，那么，我们将不吝惜我们宝贵的鲜血，我们乐意为了这一正义的事业在监狱的门口或者绞刑架下献出我们的生命，因为我们不应该战斗，而应该忍耐。

其次，我们假定，我们当中不是一个人、两个人或者几个人将要出售或者交换上面谈到的树木，而是公开地通过报刊或者以书面的方式向一切人宣布，这块或那块树林卖了多少钱，换了什么东西——换了粮食、五谷、犁或者其他必需的物资。

我们希望，我们可以不去怀疑（至少我们希望如此）被称为英国的最高会议和主宰的那些人。他们经常在诺言和条约中宣称，而且用很多斋戒日和虔信宗教的保证来证明，只要人民在反对诺曼征服者（它的压迫人的政权曾经奴役过英国）的继承人的斗争中拿出钱来，并且肯冒生命的危险，他们就能使英国的人民成为自由的人民。我们把这种允诺过的自由，也看作所有的人的遗产。但是，要做到这一点，只有把英国的土地从私有主手中解放出来，把它变成英国全体儿女的共同宝库才行，正如迦南地[30]的每块份地是这一支和那一支，以及这一支的每个成员的共同谷仓，那里没有任何例外，也没有任何把土地圈起来和把人赶出圈地的现象一样。

我们说，我们希望我们不必怀疑他们对我们的真诚，他们是不会反对我们的坚决的运动的。无论如何，他们的行动将在一切人面前清楚地证明，他们是诚挚的还是伪善的。我们知道，我们所说的是我们的权利，我们的事业是正义的，如果他们怀疑我们的正义事业，那就让他们派一个人来邀请我们到他们那里去，我们将用四种方法证明我们的事业的正义性。

第一，引证至今仍然有效的民族圣约[31]。它责成议会和人民忠于万能的上帝，责成每个人在自己的岗位上保持和谋求其他所有一切人的自由。

第二，由于对国王查理取得最后的胜利，我们要求我们的这个权利能从暴君政府的手中和平地交还我们，作为我们与他们订立的协议和条约的条件，因为议会允诺过，如果我们纳税，提供士兵住宿的房屋，在反对查理及其党羽[32]（这些人被他们称为共同的敌人）的斗争中冒过生命的危险，他们就一定使我们成为自由的人民。我们同他们一样履行了这三个条件。因此，我们要求他们履行根据我们与他们签订的条约的法律而产生的约定，即同他们一起成为自由的人民，同他们有同样的权利过共同的富裕生活，因为我们把他们从我们当中选出来担任一定时间的特殊工作，并不是要他们成为压迫我们的老爷，而是成为帮助我们的公仆。但是，这两个论点是我们最没有说服力的证明。尽管如此，借助它们（依靠存在人的心中的理智与平等），我们还是可以很容易地推翻以前一切奴役性的法律的，而这些法律在征服以来的每个国王统治时期都不断有所恢复。它们就像我们的眼中钉和肉中刺一样；它们被人称为古代英国的管理制度。

第三，我们将证明，我们对英国的土地享有自由使用的权利，因为我们同兄长一样诞生在这块土地上，我们有与他们同样的权利，正如他们有与我们相同的权利去获得足够的生活资料，而我们不要自己族类中有一个人作为领主或者地主骑在我们头上。我们只是引用《圣经》上的话来证明这一点，而不加以任何解释，当今的学者和伟人谈到这种解释时经常说，这是他们对待《圣经》的一种手法。

第四，我们将用正义的造物主的法律证明，支系众多的人类是大地的主人，不应该服从自己同类中的任何人，但是应该生活在正义的法律的光辉中，生活在内心的平静中。

因此，我们满怀热爱，坦率地叙述了我们心中的意图而毫无阿谀奉承的意思，期待你们的爱和同样的诚挚而没有不满与争吵的情绪。同时，作为与你们相同的创造物，我们不追求别的什么，而只要求遵守正义行为的法律，希望把叫做私有财产的这个可诅咒的东西从创造物中驱逐出去，因为它是产生使人民陷于贫困之中的一切战争、流血、偷窃和奴役性法律的原因。

以英国和全世界一切被压迫的穷人的名义，并且为了他们而签名：

克里斯托弗·邦彻尔	威廉·霍格里尔
理查德·泰勒	丹尼尔·惠登
尤里安·沃辛顿	理查德·威勒
纳撒内尔·霍尔康	纳撒内尔·埃茨
朱尔斯·蔡尔德	威廉·克利福德

约翰·韦伯
托马斯·亚韦尔
托马斯·艾迪尔
杰腊德·温斯坦莱
约翰·库尔顿
约翰·帕麦尔
托马斯·斯塔尔
塞缪尔·韦伯
约翰·海曼
托马斯·格登
詹姆斯·霍尔
詹姆斯·曼利
托马斯·巴纳德
约翰·骚斯
罗伯特·索耶
克里斯托弗·克利福德
约翰·比契

约翰·哈里逊
威廉·本宁顿
约翰·艾斯
腊尔夫·艾叶尔
约翰·普拉
约翰·威金逊
艾普顿·斯帕尔
托马斯·伊斯特
艾伦·布朗
爱德华·帕罗特
理查德·格雷
约翰·莫迪
约翰·巴契洛尔
威廉·蔡尔德
威廉·赫塞姆
爱德华·惠彻
威廉·滕奇
威廉·库姆斯

给费尔法克斯阁下及其军事会议的信

包括向法学家和牧师提出的各种问题

这封信以不可辩驳的理由

证　明

平民能在村社土地上耕种和居住，既不必租用这些土地，也不必向任何人交纳地租

杰腊德·温斯坦莱受那些开始在塞利郡圣乔治山垦殖土地的人的委托，于6月9日星期六把这封信递交给将军和他部下的高级军官

（伦敦，圣保罗教堂以西黑飞鹰街尤尔斯·卡尔佛特书店刊印，1649年）

给费尔法克斯阁下[33]及其军事会议的信[34]

先生：

关于我们在塞利郡圣乔治山开垦和耕种的事，想必您是有所闻的，因为您曾经接见过我们当中一些人，听过我们的声辩。而当我们之中的一些人在白厅来见您的时候，以及您亲往圣乔治山察看我们的工作的时候，您和您的军事会议对我们采取了温和的态度；我们希望尽可能地阐明我们的事业的根据和目的，以便有关我们的谣言不致使任何人感到不安，而是使每个人都由于我们事业的真挚和完全合乎正义而能够得到满足。

我们知道，我们耕种村社土地这件事已经在全国成为话题；有些人赞同，有些人反对；一些人是我们的朋友，他们满怀热爱之情看到我们的事业抱有造福国家的目的，我们所要追求的是和平；另一些人是我们的敌人，他们大发雷霆，污蔑我们，说我们要加强自己的实力，为了以后与别人较量，夺取别人的财物。这种说法事实上是在恫吓我们。还有其他很多风言风语，我们只是一笑置之，因为我们对自己知道得很清楚；我们的意图是我们能够实现的，它只是为了改善村社的状况，为了消灭创造物在其淫威下呻吟的压迫和外来的奴役，为了提高和保持我们事业的纯洁性。

经验表明,真实情况正是这样:在关于土地及其果实的公有制的事业中,可以清楚地看出羔羊与毒龙之间展开一场战斗。羔羊体现着爱情、温和、正义的精神,而毒龙则代表着嫉妒、骄横和非正义的力量,它力图使创造物保留在受奴役的地位,把创造物的光辉掩盖起来不让人类看到;而第一种权力则竭力要把创造物从受奴役的地位中解放出来,并向人子揭示出创造物的秘密,从而显示出自己是万物的伟大的复兴者。

这两种力量在每个人的心中斗争着,并迫使各人互相斗争。这一斗争将一直继续到毒龙被赶走为止,而毒龙被擒和受审判的日子很快就要来到。因此,正义的心灵耐心地等着吧,把希望寄托在主身上吧,看主给世界上的整个混乱的局面安排了什么样的结局。

当您到山上来察看我们的工作的时候,我们曾经对您说过,很多以前满腹牢骚的农民,现在情绪开始好起来了,看到我们的事业是正义的,并且承认了我们的事业,只有一两个贪婪的自由持有农例外,他们希望自己拥有村社的一切土地,并且希望继续使我们生活在诺曼人的暴政之下,而这种暴政已使得您对诺曼王位继承人所取得的胜利的果实丧失干净,因而它应该被人抛弃。我们希望,我们这些怒气冲冲的乡邻(我们从来没有欺侮过他们,也不想欺侮他们),随着时间的推移将会发觉他们轻率的发怒是不明智的,因而会变得温和一些,行动和言论都会变得理智一些,像人那样,而不再像牲畜似地以头角相撞。他们将没有理由说我们欺侮他们,只要他们不因为下面这件事而认为我们欺侮他们:我们想用我们公正的劳动从英国村社土地上得到我们生活的满足,而从事这种劳动则是我们的自由，因为我们是与他们平等的英国人。我们的自由甚至比他们要高出一筹，因为他们是长子和把圈地称作自己财产的自由持有农，而我们是兄弟，是受压迫的穷人。村社土地属于我们，这点连他们自己都是承认的。

我们曾经对你说过（为了回答向我们提出的问题），我们并不反对什么事情由公职人员和法律来管理，就像世界上的人民受到管理一样。但是，从我们方面来说，我们并不需要任何一种形式的管理，因为既然我们的土地是公有的，我们的牛羊也应该属于公有，五谷和土地的果实也应该属于公有。这些东西不能在我们中间买卖，但将作为我们和我们子女的经常的食物储备保存起来，不再会发生买卖这种欺骗性的乱七八糟的现象，并且我们也不会互相逮捕对方。

其次，我们用不着那种必然要把人投入牢狱、鞭打人、吊死人、让一个人受另一个人奴役的法律。我们知道，服从这个正义法律的人们当中，不会有一个人由于土地而敢于逮捕或奴役自己的兄弟，因为土地是我们的造物主所创造的，是所有彼此平等的人们共同的生活物资的宝库。

而现在，如果你们这些把圈地叫做自己的土地并把别人赶出篱笆之外的兄长，希望仿照其他国家的纯粹外来的榜样，来设立公职人员和制定法律，我们也不反对，而是随你们自行其是，不加阻止。如果我们这些平民或者兄弟当中有人偷你们的粮食或牛羊，或者推倒了你们的篱笆，那就让你们的法律惩罚我们当中的破坏者吧。

只要我们还在我们村社土地的范围内活动，我们中没有一个人会去侵犯你们的财产或圈地(如果你们身上的神明还没有自愿放弃你们的财产或者圈地的话)。可是,你们一旦要想压迫别人,要无辜的人流血,你们的法律就不会对我们发生效力。但是,如果我们有了粮食和牛羊,我们绝不会把这些东西锁起来,使我们在人民中间变成了所有者。不,不,我们公开声明,为了人民的安全无恙,我们的粮食和牛羊以及我们所有的一切是不会锁起来的;我们这些兄弟也将与你们这些兄长相亲相爱,因为我们愿意像我们希望别人对待我们那样去做,就是说,使每个人都能享用造物主的财富,拥有自己在土地上进行劳动所得到的足够的食物和衣服。

至于谈到精神上的教诲,我们要让每个人向自己的教师肃立致敬。如果贪婪的权力是统治着他的心灵的导师和国王,那就让他向这个权力匍匐跪拜吧;如果他的导师和国王是统治着他的心灵的爱情和正义的力量,那就让他向这种力量肃立致敬吧;让所有的人都以互爱、宽容和正义的精神来对待别人,让正义的精神成为我们的教导者、统治者和裁判者吧。我们用这样的行为来表示我们对天父的尊敬,表示对赋予我们生命的神明的尊敬。我们将本着正义来耕种土地,使它不受压迫和奴役,以此来表示我们对我们的土地母亲的尊敬。

那时,当我们对站在左边的人的最高力量即我们的听觉、视觉、味觉、嗅觉、触觉表示敬意的时候,我们就是在理智和正义的光辉下行进,也就是在高踞于五角宝座上的皇帝与法官的光辉下行进,并从站在右边的人的五种生命源泉即理智、意志、同情、欢乐、和平中得到补充,像人一样生活在正义之子的光辉之下和权力之中,并在自己心里感觉到正义之子的存在。那时,当我们有了牢记

心中的、教导我们在创造物的纯洁中行进的正义法律的时候，我们还要那为了支持贪婪的权力而颁布的肉欲的、自私的、混乱的法律做什么呢？

阁下，我们写信给您并不是为了请求保护，虽然我们遭到了您的一些士兵的违反基督教义的侮辱，因为我们确实不敢违背主的意志而选举某一个人或某一些人来管理我们。因为当以色列选扫罗为王的时候，创造物因为类似的事情而曾遭到重大的损害。因此，我们现在用毫不含糊的英语向你们承认，我们选择全能的上帝作为我们的国王和保护者。

但是，由于你们是我们的弟兄（一个英国种族），并且目前你们被认为是我们在这块土地上的外部统治者、保护者和拯救者，我们又不知道你们的心里愿不愿意提出我们所提出的这个正义之王，因此，我们抽空写信给你们，并把我们的心向你们和全世界披露。

我们宣布，如果在我们写了这封信之后，你们或者你们的叫做士兵的部属，或者根据你们的法律占有土地的那些所谓自由持有农中的某一些人，还要侮辱或杀死我们，我们就准备为履行自己对造物主应尽的职责而死，就准备为造物主投入我们心中的那种权力和竭力使创造物摆脱奴役而死，而你们和他们在审判日[35]就将得不到宽恕，这些话已经对你们讲得够多了。

因此，我们给您写这封信的根据是，由斯特拉维上尉率领的驻扎在我们城里的总步兵团一些士兵，不顾我们给他们提供了一部分宿营地（照理他们应是我们的邻居），给他们让出了足够的房屋（他们照理不应该有任何的抱怨），竟向当时只住着我们一位掘土派的成员和一个小孩的圣乔治山进攻。士兵们到了那里，没有听到一句挑衅的话,却对这两个人进行无端攻击,殴打那个孩子,剥去他的上衣,抢走他们的衬衫和所有的食物,围攻那个大人,使他身受重伤,并且放火烧了我们的房子。

我们觉得十分奇怪和令人不解的是,士兵竟同手无寸铁的和平居民发生冲突,而这些人又没有干预士兵的事情,既没有用言语也没有用行动侮辱士兵,如果不把我们现在进一步贯彻你们曾以下议院议员的名义所取得的对国王查理的胜利这件事算作是对士兵们的侮辱的话。我们这样做,所期待的与其说是灭亡,还不如说是保护。至于谈到您个人,我们深信您会对我们这些曾是您的患难之交的人采取温和友好的态度,深信您在事先没有证明我们是您的敌人以前是不会派人来砍打我们,或烧掉和拆毁我们的房屋的。

我们提到这一些并不是要让您去惩罚他们,这是要由您自己去考虑,我们只是希望(根据兄弟们的请求)您能提醒一下您的士兵,如果没有得到您的命令就再也不要侮辱我们。事实上,如果我们的破坏行为果真那样严重,您也没有必要派士兵来对付我们或者殴打我们,因为只要您写一封简单的信,我们就会自动去见您。

因此,为了使愚昧的、贪婪的自由持有农,以及您的不知道什么是自由的愚昧的士兵当中与自由持有农一鼻孔出气的人,不再对英国自由的真正朋友和造物主的忠实仆人施加侮辱,我们希望您、最高会议和议会,能够注意到我们的活动,如果您认为我们的工作是正义的话。而我们认为我们的工作是正义的,并且正是在这一工作中,我们的灵魂在耻辱与卑贱中间找到了一种甜蜜的和平。

在这种情况下，根据兄弟们的请求，我们表示希望根据你们和我们之间应该签订的合法契约，来享受我们的自由，以便我们这些兄弟能够和我们的兄长一起，在我们诞生的国家里过着富裕的生活，享用我们所创造的财富即我们的劳动生产出来的食物和衣服，能够看到您的爱和兄弟般的保护（因为我们曾和您一起冒过失去我们的财产和生命的危险），能够看到我们和平地居住在世界上，既不受您的法律也不受您的士兵的欺侮，如果我们像上面所说的那样，不进入你们的圈地，并且在你们没有同意交出自己的财产以前，不夺走你们的财产的话。如果这些你们都能做到，我们就会生活在平静之中，而和平也将复归人民，而您，军事当局，就将成为一堵使人民不会受到外敌侵犯的火墙，成为您的那些兄弟们的助手。他们居住在国内，他们为了我们造物主的光荣而希望自己的行为受到正义太阳的光辉的照耀。

而您和议会要忠于同我们签订的条约、对我们作出的誓言和诺言，正如我们忠于你们和这些条约、誓言一样，纳过税，提供过宿营地，在社会事业中给予你们各种帮助，以致我们这些老百姓几乎只剩了最后一片面包。因此，我们也就有权要求我们应得的一份，即在我们诞生的这块土地上与你们共享同样的自由。

但是，如果您欺骗我们和我们的事业，您该知道，我们将不是用剑和矛，而是用铁锹和犁这一类武器来作战，使荒地和村社土地成为肥沃的良田；我们已经把我们自己和我们的事业交给并且将来也要交给我们所服从的正义之王，即普遍和平之王，使他和我们的保护者在一起，而你们也通过你们的说教、祈祷和斋戒对这个保护者表现出很深的敬爱，并以他的名义和我们签订条约，对我们发出誓言和作出诺言。我说，我们要向这样的人发出呼吁：他现在是将来也是我们的公正审判者，从来都不辜负对他寄托希望的人，总是公正审理被压迫者的案件。

我们希望你们的法学家能够仔细研究这些根据国家的法律可以带来充分和谐的问题（我们已经说过，这些问题完全是真理性的问题），而我们这些兄弟和老百姓有真正的权利耕种村社土地并在这些土地上生活，正如我们说过的那样。

一、征服者威廉不是由于实行征服而成为英国国王的吗？他不是剥夺了英国人的天赋权利吗？他不是曾烧毁过许多城市，其中包括温莎森林中的三十座城市吗？所有这些不是给各阶层的人带来了痛苦吗？他不是曾经利用被征服的英国人缺少生活必需品而强迫他们成为他和他的诺曼士兵的仆从吗？

二、查理国王的英国王位不是从征服者威廉那里继承下来的吗？每个国王的统治时期所颁布的一切法令不是肯定了和加强了诺曼征服的权力吗？这些法令不是使英国平民遭受过，而且直到现在还遭受着王权、乡绅[36]和僧侣的奴役吗？

三、领主不是征服者威廉的上校们和主要军官们的继承者吗？他们不是由于国王的同意、恩赐和特许而得到了皇家对村社土地的特权吗？他们的头衔以前和现在不是都靠着刀剑的权力而取得的吗？

四、既然英国的平民以及某些乡绅战胜了查理国王，并且使自己从诺曼的征服下解放出来，那么，领主有没有失去国王所赐给他们的对村社土地的特权呢？

五、诺曼征服者不是从称为议会的少数人手中或者从全体英国人民手中夺去了英国的土地而攫为己有的吗？毫无疑问，他剥夺了每个人的自由，成为圈地和村社土地的主人。因此，在征服者被推翻以后，每一个人都应该毫无例外地重新得到自由，不然，平民（他们受到的这些战争的苦痛比别人更深重）从战胜国王方面得到什么好处呢？对平民说来，没有这些胜利也许还要好一些，因为他们由于提供宿营地和纳税而变得更加穷困，生活过得比从前还不如。但是，由于他们是按照自己财产的多少来纳税和提供宿营地的，就像乡绅按照自己财产的多少来缴税一样，所以给予他们使用土地以维持生活的自由，也就是享用从村社土地上得到的收入，就像乡绅们享用从自己圈地上得到的收入一样，也许是明智的、正当的。

六、平民推翻王权以后所得到的自由，首先不就是要求不受那些作为我们的收税人的领主、庄园主和地主的干涉，而拥有供自己谋生的祖国土地吗？因为敌人征服英国的时候，就曾把土地夺去作为自己的私产，并且把这种行为叫做自己的自由。同样地，如果有什么人帮助过英国从诺曼的桎梏下解放出来，那么，不论他们是圈地上的乡绅，还是村社土地上的平民，当然也都应该享有自己的自由，而不能强迫一部分人为拿工钱而替另一部分人做工。

七、自有国王统治以来所颁布过的法律，有哪一些符合我们造物主的公正法律和对所有的人一视同仁的精神呢？这些法律不是根据自私自利的原则，不是出于对国王的畏惧和向他献媚，以求保持乡绅和僧侣的自由，而继续使平民遭受奴役从而使他们受到不公平的对待吗？

八、不以平等和理智为基础，不给一切人以自由，而只偏袒个别人的法律，不是应该与国王的头一起被砍掉吗？我们肯定地说，应该砍掉。

如果一切法律都以平等和理智为基础，整个英国的土地一定会成为在这里出生的每一个人的共同宝库。但是，如果这些法律以自私自利的原则为基础，给少数人以自由，而给其余的人以沉重的负担，这些法律就应该与国王的头一起被砍掉；相反地，轻视这一点的人就是条约、誓言和诺言的破坏者，就会在全世界面前暴露出自己是一个赤裸裸的伪君子。

九、考虑到每个人为了把英国从奴役下解放出来曾经根据相互间所订的协议和条约纳过税，提供过宿营地，冒过生命的危险，那么，他们不是也应该毫无例外地按照条约的法律而自由地利用土地以维持生活，并在英国村社土地的任何地段建立自己的住宅，而不必向任何人购买或租佃土地吗？我们肯定地说，应该这样。

十、国王统治时期颁布的法律，除了乡绅和僧侣之外还给过别人以自由吗？而其他的人都成为这些收税人的仆人和奴隶；除了这里所说的两种人外，谁也不能根据法律享有自由，而平民从前受过、现在仍然受着他们所强加的重负的压迫。

当然，如果平民在英国所有的自由，只是在自己兄长当中生活和被他们雇去工作，那么，他们在英国会比在土耳其或法国享有更多的自由吗？在人将为报酬而工作的地方，他只能在他们中间生活；颁布法律只是为了给什一税[37]占有者和自由持有农以自由，而使没有土地的穷人直到现在还生活在穷困的煎熬中，被夺去一切生活资料，不得不满足于在痛苦的奴役中得到的一点点东西，为别人、为老爷而工作。试想这样来颁布法律是公正的吗？能促进人民中间的和平吗？让明智的人判断一下，这是不是诺曼桎梏的重负。因此，不要把人们赶走，而是要把权力从暴政和坏政府手里夺取过来；奖赏就掌握在你们的手里：让任何一部分人都不会因为没有代表而受到欺侮。

现在，我们希望你们那些硬说自己在宣传正义法律的社会宣传家仔细研究一下这些会在我们心中树立和平的问题，因为我们这些生长在英国的平民，应该像我们已经说过的那样，为了公共的仓库和福利来改善村社，谁要阻碍我们，他就是造物主的叛逆者，就是造物主的敌人。

第一，我们要问土地及其果实被创造出来是不是为了互相买卖？一半人被创造出来是为了做土地的主人，而另一半人根据在亚当和夏娃犯罪之前的造物主的法律要做奴仆吗？

我肯定说（而且我要求所有的人反驳我），土地被创造出来是为了成为一切人的共同的生活资料的宝库，而不是为了成为买卖的对象。地球上各个部分的人都是野兽、鱼类、鸟儿和土地的主人；人被创造出来不是为了承认自己同胞中某个人是教训者和统治者，而只承认正义精神是自己的创造者，只愿意奔到它的光辉之下，生活在和平之中。这一真理本身表明，谁也不应该成为骑在别人头上的领主或地主；土地对于人类的每个儿女都是自由的，他们都可以在土地上自由生活。

对于这个问题，绝不能用《圣经》上的话或人类犯罪以后的例子来回答，而应该根据这个问题本身来回答，就是说，要根据正义的法律或上帝在创世之初所说的业已深入人心的话来回答，而人就是根据这些话、根据造物主的纯洁的法律被创造出来的，创造物应该按照这个法律恢复原状。

一、在人类犯罪以前，亚当或人修建花园即充满爱、自由和正义的土地，这对他说来是一种平静与和平。但是，当他起了贪婪之心，这种贪心断送了爱情和自由的力量，促使他（人类）把一部分人提高到另一部人之上，就像该隐高踞在亚伯之上那样，而这只是在人即亚当心中斗争着的两种力量的外部表现。当他向蛇即贪心让步的时候，他就失去了正义，受到诅咒，被贬到地上在耻辱中吃自己的面包。从这时起，一个人的私有财产开始比另一个人多起来，刀剑就带来了财产，并加以维护，而这无非是邪恶的贪心的权力；该隐之所以要杀死亚伯，是因为亚伯的原则或他的宗教与该隐的原则相对立。刀剑的权力直到现在仍然是杀死亚伯的该隐，直到现在仍然是把一个人提高到另一个人之上的权力。但是，亚伯不会永远被杀死，不会永远受该隐的可咒诅的财产的奴役，他一定会站立起来。《旧约》上的亚伯只是基督的原型，他现在正站立起来，要使一切人摆脱奴役。

二、我要问，当一个人要成为骑在别人头上的领主，并且要求别人的地产的时候，一切战争、流血、贫困会不会加到创造物的身上呢？你们的《圣经》将会令人信服地向你们证明，情况正是这样。当人类的一切分支彼此都看成一个整体，而把土地看成所有一切人的共同宝库的时候，当每个人都承认正义法律没有受到玷污地存在他们中间、支配着他们、把他们引向光明的时候，这种贫困不就会（而且不会比这再早一些）绝迹了吗？因此，抛弃你们买卖土地及其果实的行为吧。这是不正义的行为，它使一个人骑在另一个人头上，使一个人压迫另一个人，它是对创造物的压迫。

三、解放事业不就是要消灭贪婪，把这条毒蛇赶出天堂（人间），使人有可能不仅仅像传教士那样只是在口头上，而且在实际上生活在正义的光辉下（创造物因此而充满荣光）吗？我肯定说是这样。

四、正义之王是不是偏私呢？如果你说“不是”，那么，兄长成为土地的领主，兄弟成为奴隶和穷人，这是谁制造出来的差别呢？我肯定说，这是贪婪在人类犯罪之后制造出来的，而且现在还在制造着，而不是正义之王在人类犯罪之前就确定了这种差别。因此，如果你要成为传道者，你就只提出正义的法律，不要提出骗人的贪婪的法律，因为它是杀人的凶手。正义的法律希望每个人都享受到造物主的财富，即在自己国家内自由地依靠自己的双手的劳动而有吃有穿，而贪婪则希望除了具有最强有力的肉欲之手的那些人以外，谁也不能自由生活；其余的人都应该成为奴仆。

五、一个人是像平常所有的人那样根据贪婪和自私的法律行事，还是根据正义的法律像他希望别人对他那样地行事，才能得到真正的和平呢？我肯定地说，在一个人不是口头上而是实际上生活在普遍正义的精神中之前，是不会有真正的和平的。因此，你们这些传道者别再唠叨不休了，丢掉你们的自私自利的教义吧，因为你们使人民惶惑不安，并且把人民引入了迷途。

六、正义之王是怎样命令的，是要人们爱还是恨自己的敌人？如果您说要“爱他们”，那么我要问您：为什么你们有人从讲台上或在其他地方叫人殴打那些想使土地再度成为共同宝库的人，把他们投入监牢，弄死他们，或者把他们驱逐出去，或者不和他们做买卖呢？当然，在最坏的情况下，你们只能够把他们变成自己的敌人。因此，爱他们吧，用爱来吸引他们吧，不要仇恨他们，因为他们并不仇恨你们。

七、给两种人即乡绅和僧侣以自由，而否认其他人应该得到自由，这是不是严重违背了民族圣约呢？我肯定说，这是严重违背了民族圣约的，因为人的法律把这两种人变成只会向老百姓搜括的反基督的收税人。前一种人强迫人们向他们交纳地租，强迫人们为他们做雇工；后一种人即僧侣则强迫人民交什一税。无论是基督，无论是使徒们[38]，无论是先知们，从来都没有这样做过。因此，你们当然是已经进入末日的伪基督徒和伪先知。

所以，我向你们和全世界的人宣布，我身上蕴藏着什么样的生命力：我知道，正义的精神在这个国家的许多东西上都表现出来，我希望你们都满怀热爱与和解的精神来严肃地审查一下这个国内公有制的事业，而爱的力量和普遍正义的灿烂的光辉，督促着我尽量促进这一事业。我也不能有别的什么做法；我是受自己心中的爱的法律所驱使，因此别人骂我是疯子等等，有些贪婪之徒还对我大发雷霆，但这一切反而使我的精神变得更能容忍，而欢乐与和平卫护着我的精神。我不恨任何人，我爱一切人，当我看到一切人都过着丰衣足食的生活时，我将感到满足。我希望没有一个人生活在贫穷、压抑和悲痛之中。因此，如果您在这封信中发现有自私之心，或者有某种危害一切创造物的东西，那么，我希望您也把您的心向我敞开，并且指出我的弱点，就像我曾经真诚地说明我在什么地方发现过许多生命和力量那样。但是，如果您从我的信中看到正义的精神和对博爱的力量的支持（如同我们的造物主得到他的创造物的赞美一样），那就请你们联合起来保卫它，让爱的力量获

得自由和光荣。

杰腊德·温斯坦莱

英国现在力图实行的改革不仅要消灭诺曼的桎梏，使我们仍受征服者威廉到来以前存在的那些法律的管理，这似乎就是我们力求实现的管理制度或目的。不，不是的。改革在于要同上帝的语言一致起来，而上帝的语言就是人类犯罪以前的纯洁的正义法律；这个法律创造了一切，一切都要依据这一法律得到恢复。谁不力求做到这一点，谁就违反契约。

这封信连同一些问题由笔者亲手递交给将军和高级军官，他们十分和蔼地答应说，将要仔细阅读和考虑这封信。

给将军阁下及其军事会议的信

1649 年 12 月 8 日

杰腊德·温斯坦莱签名

(选自《克拉克文集》第 2 卷,第 217 页及以后几页)

给将军阁下及其军事会议的信[39]

先生：

我知道，帕森·普拉特先生[40]和其他几位先生曾向您和国务会议报告说，我们这些叫做掘地派的人是大逆不道之徒，不要司法的管辖；说我们用暴力强占了司法当局某人的房屋，并在其中堆藏武器准备自卫；说我们是醉鬼和骑士[41]，正在等待时机帮助王子归来，如此等等。

先生，实际上，所有这些诬告同阿曼的告密是一样的虚伪。在古代，阿曼诽谤心地纯洁的摩尔杜哈，想使阿苏尔皇帝不信任摩尔杜哈[42]。掘地派的愿望完全不像他们向您报告的那样：我们是和平的人，在正义的光辉下行事，只要我们能够这样做的话。

我们的敌人不止一次派人殴打我们，捣毁我们的房屋，而我们从来没有用谩骂回敬他们，也没有进行反抗，只是耐心地忍受他们的一切暴行，因为我们指望上帝会制服他们的心灵，以便使他们与我们一起生活在和平之中。实际上，他们虚伪地强加在我们头上的一切指责，我们和我们周围的人都能一一加以驳倒，如果你能让我们同他们当面对谈的话。他们有些人一直是流浪汉，是肯特的暴乱的参加者，也是塞利郡的可耻的请愿运动的主要发起人[43]。我们提到这一点并不是为了挑起旧时的争端，我也绝不想一一列举他们的名字，为的是使您不要再认为我们是他们的敌人。我们真心诚意地希望用爱来赢得他们的心，虽然他们拼命侮辱我们这些一直是你们的朋友的人，这一点连我们的敌人自己都不能否认，如果您能使他们与我们面对面站在一起的话。

因此，先生，我们耕种村社土地的目的是：我们和国内一切受尽压迫的穷人可以通过这种办法，用我们在土地上的诚实的劳动得到有保障的生活。我们认为，由于战胜了国王，我们有权（我以一切贫穷的老百姓的名义这样说）占有土地，因为当国王执政时，他是征服者威廉的继承人，作为征服者，他没有给我们土地，一切领主却从他那里得到占有村社土地的封号。但是，我们注意到，由于英国平民通过共同的努力和用聚集起来的资金赶走了查理即我们的压迫者诺曼人，我们用这个胜利把自己从诺曼人的桎梏下解放了出来，现在，土地就应该重新由夺得这些土地的人即平民共同占有，而不应该再由那些直到现在还希望维持诺曼人的政权即王权的人霸占。如果不是这样，我们这些由于支持议会、支持您而变穷的人，就没有从我们交纳的税款、从我们提供的宿营地和流出的鲜血中得到任何好处，并且以后仍然是领主所掌握的王权的奴隶，虽然我们已经从查理手中夺得了王权。

因此，由于议会许过诺言和保证，以及由于军队取得了胜利，我们这些被压迫的穷苦老百姓，要求使用村社土地的自由，因为我们曾对这些保证和诺言寄托信任和希望，以为这是我们与你们之间的牢固的协议，因为您和议会确实都对我们说过："你们要向我们纳税，提供军队住的房屋，和我们一起去冒险牺牲，赶走压迫者查理，而我们将使你们成为自由的人民。"因此，根据我们已承认

的、并且已坚决执行了的契约的法律,我们要求自由利用村社土地,以保证我们的生活,因为我们已经用我们的鲜血和我们的金钱付过了土地的价款。

第二,我们要求这种自由,是由于在获得战胜国王的胜利果实方面大家都享有平等的权利,因为议会曾宣布过,它所做的一切是为了整个国家的安全与和平;军队曾向我们宣布过,它不是为自己,而是为整个国家的安全与和平而战。你们和我们曾把大家的力量联合起来去争取我们的自由,并且已经争得了自由。因此,如果说能从村社土地上取得什么利益,而且这种利益又是存在的话,那么,这种利益就应该由作过战的你们和留在后方支援过你们的我们来平均分配。既然乡绅们有自己所需要的圈地,我们这些备受压迫的穷苦老百姓也应该要求在战胜国王的基础上有利用村社土地的自由,因为这一胜利是根据我们的共同协议取得的。

第三,我们知道,当穷苦的老百姓不能自由享用土地及其利益的时候,英国就不能成为自由的共和国,因为不给我们这种自由,我们这些贫穷的老百姓的处境就将比在国王统治时期还要糟糕,因为那时我们虽然也被压迫,还有一些土地,而现在我们为了获得自由,已把土地卖掉,可是我们直到如今仍然处在庄园主的压迫和暴政之下。因此,当我们这些穷苦的老百姓没有得到一点土地,以便能像乡绅们那样过自由生活的时候,就不可能有共和国;当王权还假借领主的手来统治我们的时候,王权就不可能连根铲除。

先生,如果您和上议院能平心静气地把我们不可剥夺的权利即自由给予我们,把我们从领主的王权(这种权力像国王执政时期一样,用强力把村社土地和我们分开,好像我们并未取得对国王政权的任何胜利似的)下解放出来,那时,而且只有那时,穷人才会放心。因为他们在贫穷的重负下受尽折磨,世世代代呻吟于贫困与日益严重的灾难之中,而且没有任何办法、也得不到任何帮助来摆脱这种处境,因而就不断地向您和议会要求帮助,要求履行你们的诺言。

我们只是希望从你们那里得到工作的自由和享受我们劳动果实的自由,因为我们有足够的荒地可以养活所有的人,满足我们的一切需要。但是,如果你们拒绝给予我们这种自由,那么,根据正义的精神,我们将为穷人向领地去募捐。但是,即使大量的金钱也满足不了一切需要,因为很多穷人耻于接收捐来的钱,仍然陷于绝望的境地,他们甚至会更快地去抢劫和偷盗,从而破坏国家的安宁;另一些人则耻于乞求别人的恩典而靠做某种工作维持生活。我们掘地派很多人的情况就是这样,他们以前也都是很好的业主。但是,如果赐予往村社土地施肥的自由,那就不但足以满足一切需要,而且人民对您和议会的怨言也会消失,若干年以后,国内就既不会有穷人也不会有懒汉了。

第二,这样英国就会靠本国生产的一切商品而富裕起来,只要这些商品有人需要。我们有那么多的荒地,却有那么多人因贫穷而饿死,这对于英国的基督教说来确实是一种耻辱。其次,如果给予这种自由,全国就会在爱与刚毅之中团结起来,如果有任何外敌像一群老鼠那样来侵犯我们,抢夺我们的遗产,我们就会像一个人一样奋起加以保卫。

最后,如果您给予穷苦的老百姓以耕种村社土地、维持自己生活的充分自由,我们将十分感谢您和军队;军队将保卫我们的事业，我们将用自己的劳动来保证对它的供应；我们希望，那时将不再会像过去那样有为所欲为地统治着我们并把我们变成奴隶的王权压在我们身上，那时您将用爱进行统治，就像摩西和约旦亚统治以色列的儿女们那样（在他们那里没有皇帝之前），而议会将像以色列的长老会那样，由人民自由选举，好让他们劝告和帮助你们和我们。

因此，我以被称为掘地派的人和全国平民的名义，本着正义向您扼要陈述了我们的思想和我们的事业，这将向您证明对我们的一切告密纯属虚构，同时也证明这些告密对英国的和平的统一的危害。

这封信是由我杰腊德·温斯坦莱以本人的名义并受我的兄弟们——老百姓的委托而写的。

1649年12月8日

给议会和军队的新年礼物

这份礼物指明什么是王权，也指明被人称为掘地派的人的目的是议会所赞成的和军队为之而战斗的事业的生命和骨干，他们的事业的改进将使英国成为世界第一个国家，或者成为巴比伦城的十分之一的那部分，那里人与野兽分开，把王冠戴在基督的头上，以便他能够本着正义管理世界。

英国的自由与和平的崇拜者杰腊德·温斯坦莱撰写。

伦敦，尤尔斯·卡尔佛特书店刊印。

1650年。

给议会和军队的新年礼物[44]
（1650 年 1 月 1 日）

议员先生们和军队，你们和老百姓曾经互相支持，把压迫的首领——由一人掌握的王权驱逐出去。现在，这一事业已经完成了。当这一事业还没有完成的时候，你们曾经号召人民帮助你们把这个处于绝望中的、遍体流血的、垂死的民族从奴役中解放出来。而人民响应了你们的号召，支持了你们，他们慷慨地捐出了所有的金钱，流了自己的鲜血，以便把这项事业进行到底。

在此以后，议会颁布了废除王权和把英国变成自由共和国的法令。人民为这些法令欢呼，因为它们是人民获得自由的预兆，而人民正在等待法令的实行，以便使自己的欢乐达于极点，因为不见诸行动的言词只是一种欺骗，并将断送正义精神的安宁，而见诸行动的言词才会安抚和滋补生活。

诸位先生，现在不管我们在哪里问起王权，我希望不会有一个人不敢谈到这一点，不会有一个人害怕赶走王权，因有他们有议会的法令和士兵的誓言做靠山，人民也站在他们一边，因为王权像枝叶繁茂的大树一样，如果你只把树梢砍去而留下树根和树枝，它就会重新生长出来，取得新生的力量。

如果要问我什么是王权，我将回答说：王权有两种，一种是正义的王权，即和平地统治一切创造物并把它们掌握在自己手中的全能上帝的权力。这是博爱的力量，这种力量引导人民沿着真理之路前进，教导每个人像自己希望别人对待自己那样行事。现在，这种力量又在用血肉进行斗争，推倒一切站不住脚的东西，使每个人与自己一致起来，这是爱与正义的一致精神，它将继续把事业导向复兴。但是，这种王权凌驾一切之上，践踏一切——贪婪、高傲、嫉妒、自私以及诸如此类的敌人，并从自私自利的、傲慢不逊的人手中把王国和对创造物的统治权夺取过来。而统治土地的只有一个正义之王，他确实就是基督自己，他将把灾祸赶走。但是，这种王权不是议会的法令要加以驱逐的而是想加以肯定的王权，哪怕议会、军队、僧侣和人民都在反对这种权力。但是，当他们有幸看到这个权力的时候，他们就会失声痛哭，因为他们对它曾经进行过迫害。

另一个王权是非正义的权力，是不折不扣的魔鬼。如果议会和军队有心实现自己的法令，人民永远也不会抱怨你们破坏了圣约，抱怨你们全身充满贪婪、高傲和极端自私自利的臭味。而你们，从自己方面说来，永远也没有理由埋怨人民不满意你们。实际上，使你们与人民不协调的原因，也就是王权，即你们通过法令要加以消灭的王权。因此，你们要遵守自己的诺言，把这个法令付诸实施。正义的王权正在等着你们实行，不然它会把你们当作伪君子和废物加以抛弃。正义的王权正在注视着你们的一切行为，而你们的一切行为现在都长满了使自身不能发光的铁锈。

这种王权就是形形色色的贪婪，或者是自私自利的权力，它通过一个人或者很多人来统治另一些人，奴役天生就与他平等的人，甚至奴役那些在严格遵守平等方面可以作他们表率的人。当它通过一个人来统治其他一些人的时候,它往往是在特权的名义下登上统治的宝座;当它通过许多人来统治其他一些人的时候,它往往是在议会的国家权力的名义下登上统治的宝座。这种王权总是仗着刀剑爬上宝座并巩固自己的地位的。因此,它被人称为杀人凶手或与米海伊尔搏斗的红色巨龙,因为它奴役弱小民族,不让每个人对土地享有在他诞生时正义法律就赋予他与所有的人平等的自由。我说,这也就是黑暗统治下的王权,既然它统治着人民,使他们互相反对,它也就是产生一切战争和抱怨的根源;它以自己的外部表现而闻名,直到今天它的影响还遍及所有的地方,因为这个黑暗权力正在统治并且还将进行统治,它就是反对创造物和民族自由的唯一敌人。这也就是你们在议会中通过法令要将其驱逐出去的那个王权。而现在,英国的统治者们,你们应当成为大丈夫和为真理而奋斗的英勇战士,这个真理就是基督。你们要相信,上帝是不会容许人们嘲笑他的,而魔鬼也是不容许人们嘲笑的。因为,第一,你们在谈论和宣扬先知和使徒的《圣经》,上帝却在看着你们是否能把言论变为行动;第二,你们曾经表示反对魔鬼,如果你们不用行动来证实这一点,如果你们不把这项事业进行到底,而让你们双手由于虚伪的自私自利而无所事事,让这个王权登上宝座进行统治,你们就会看到,这个权力将把你们以及你们所抱的目的葬送掉。

如果你们彻底研究一下你们曾经由议会通过法令要将其驱逐出去,而且曾经发誓一定要将其驱逐出去的这个黑暗王权的生活,你们就会发现,它是在可诅咒的、贪婪的无情环境中产生的。贪婪把土地交给一部分人，而剥夺了另一部分人的土地。但是，根据造物主的法律，得到土地的那部分人并没有权利使自己获得土地而使别人失去土地。然而，那部分人却在征服时靠偷窃和杀戮的办法剥夺了别人的土地。例如，当我们的诺曼人威廉侵入英国并征服了英国的时候，他就赶跑了英国人，把土地交给了自己的诺曼士兵，让每个士兵自己圈地，于是，就产生了私有财产。这是战争一开始就产生的结果：战争剥夺了弱者的财产，而把它交给了强者，并且继续支持可诅咒的奴役制度。因此，你们曾经通过议会法令要驱逐出去和发誓一定要驱逐出去的王权，只是从一个宝座移到另一个宝座上去。当刀剑还在统治同胞的时候（你们了解我要表示的意思），黑暗的王权就能够统治下去，并且它的王国将同现在一样广大，从一个海洋到达另一个海洋，一直遍及全球。但是，基督将会到来，他将从它手中夺过权力和王国，他的正义王国将会降临，从东到西，从北到南，一直遍及全世界，把可诅咒的权力赶走。当贪婪插剑入鞘、不再在战场上肆虐逞凶的时候，它首先就会颁布残酷的奴役法令，把被它击败的、被判定不能使用土地的人变成胜利者的奴仆和附庸；而靠皮鞭、监狱、绞架支持的法律，就是在战场上猖獗一时和沾满鲜血的刀剑的权力。

确实，查理国王是英国王权的首领，他之所以能够进行统治，是由于他是最后一个诺曼征服者的继承人，而你们每个人都有地产，都有以他的名义或以他的祖先的名义，根据他或他的祖先的意志或王权的意志制定的封号与赏赐书。我确信，他不是我们的造物主，因此他把土地分成许多部分，给一部分人土地，而不给另一部分人土地。因此，他必然是征服者，是增加人民的负担和压迫人民的王权的首脑，是我们的一切战争和一切纠纷的根源，因为，如果贪婪的王权、非正义的纠纷制造者不进行统治，议会、军队和富人都会欣然同意让我们这些称为穷人的人去耕种和随意开垦荒地和村社的土地，以维持自己的生活，因为土地很多，超过被利用的土地一倍，不会让人们因贫困和饥饿而死。但是，你们，英国的统治者，大肆宣扬你们是有信仰的，说你们知道上帝、基督、《圣经》与你们同在。但是，难道基督什么时候曾经表现过这样的冷酷心肠吗？难道他没有命令富人把自己的一切卖掉，把钱分给穷人吗？难道《圣经》上没有说过，如果你签定了协议，你就要履行，即使这对你是有害的吗？但是，实际上，这不会对你们有害，如果你们允许生来与你们平等的兄弟，即忠实于你们事业因而是你们的朋友的人，我是说，如果你们允许他们和平地改良荒地和村社的土地，使他们摆脱贫穷的压迫和重担，能够生活在和平之中，这就不会对你们有害。这样一来，在我们的土地上，各种改进事件就会增多，人民将在爱的基础上联合起来，阻止我们的外来敌人的侵犯。这些敌人曾经企图而且还在企图进犯我们，并且像一群该死的老鼠那样想要吞噬我们的遗产。因此，如果能把这种自由和平地给予我们，你们就不是把它给了别的什么人，而是给了你们自己、英国同胞和你们的亲骨肉。而你给予我们的并不是别的什么，而是我们自己的财产。这些财产是贪婪在王权下从我们手里夺去的，一直到现在没有归还我们。而土地在它最初被创造出来的时候，是自由地给予所有一切人的。因此，你们这些领主和你们这些英国的统治者，如果你们相信上帝、基督和《圣经》，现在就应当恢复那种状况，以便让我们安心拥有我们直到现在还被王权剥夺的土地。

当王权还通过一个名叫查理的人进行统治的时候,各种地位的人,无论是乡绅还是平民都为所受的压迫而哭泣,因为他们的土地、圈地和公簿持有农[45]混在一起,他们的商业活动被垄断性的特许证挤垮,而你们的一切不愉快都是由于你们的生活不能摆脱土地遭到的压迫而产生的。因此,你们这些乡绅就纷纷聚集到议会中去,号召老百姓起来帮助你们赶走压迫,你们这些哭泣的人终于得到了帮助,现在获得了解放。暴政之树的树梢被砍下来了,由一个人进行统治的王权也被赶跑了。但是,唉!直到现在,压迫仍然是一棵根深叶茂的大树,直到现在,还遮住自由的太阳,使它照不到穷苦的平民;这棵大树如此枝叶繁茂和根深蒂固,只有把它连根拔掉之后,我们大家才能够和平地唱起锡安*之歌。

如果我们要把王权揭露出来,我们就应该声明要这样做,并把这个权力赶走,不然我们就连英国议会及其决议都将加以否定,就要拒绝服从它们,从而使自己成为国家的叛徒。现在,王权比以前又添了三条新枝,这三条新枝以惊人的方式压迫这个国家。这是僧侣的权力,它征收什一税,甚至超过我们劳动果实的十分之一;这是领主的权力,它不让穷人自由使用村社的土地和荒地;这是坏法律和把好法律加以歪曲的坏审判官的令人难以容忍的压迫;这就是诺曼人征服和王权的迄今还在生长的幼苗,它们需要改革。

第一,征服者威廉曾经答应僧侣阶级从每年的土地收入中收取什一税,如果僧侣阶级进行有利于他的说教,使人民盲目地把他当作神派来统治自己的皇帝。僧侣果然也就这样做了,而威廉也

* 距耶路撒冷不远的一座小山名,是古犹太的首都所在地。——译者注

实现了自己的诺言。难道我们没有看到,僧侣阶级只要能够得到什一税,它就会迁就任何改头换面的统治权力?他们信奉过天主教,后又皈依国王的新教,或者反对国王,拥护君主制,拥护州管理制,谁给的报酬多,他们就捧谁,他们为了人间的幸福,将站在最强者的一边,而他们一旦上台,也善于进行统治,因为他们被称为聪明人。他们也确实聪明,但这是贪婪和高傲的智力,因为他们不知道博爱和正义的智力。他们如果懂得这种力量,就不会像他们现在这样迫害它和咒骂它。僧侣阶级将为任何一方服务,就像我们的旧法律将为任何一位老爷服务一样:它们将为天主教徒服务,为新教徒服务,为国王服务,为各州服务;这是法学家手里可以用来在任何政府下进行工作的唯一武器。啊,你们,英国议会的人士,丢开这种腐化的法律,这些如此一般化的法律吧。它们宣称要爱一切人,但不对任何人保持忠诚;实际上,谁求助于这些法律,谁就会穷困潦倒而死,就像谚语所说的:老淫妇和旧法律会掏光人们的腰包。如果罪过在于法律(而且在很大程度上也确实如此),那就在契普沙特烧掉你们的旧法律汇编,并把政府置于你们自己的基础上。不要在旧瓶里装新酒,但是,正如你们的政府应该是新的一样,法律也应当是新的,否则你们会更深地陷入你们已经陷入的泥淖,就像你们陷入爱尔兰的沼泽一样。你们已经陷得如此之深,只有视力非常好的人才看得清你们是处在什么地方。但是,并非所有的人都是瞎子,有人还有眼睛,还看得见你们。如果罪过在于法律的裁判人,这些人在改革后的共和国中当然就不应该得到权力,因为他们的权力将压迫一切人。

确实,我应当坦率地对你们说,你们的两个议会法案很出色,很公正:第一个是关于驱逐王权的法案;第二个是关于把英国变成自由共和国的法案。在这两个法案的基础上(这是牢固的地基)进行修建,你们的大厦将成为世界的光荣。而我深信,正义的精神热爱你们:你们不要陷入贪婪的沼泽。不要让自私自利蒙蔽了你们的智慧,这样才不致在语言的荆棘丛中迷失方向,因为那样一来,你们任何时候都不会培育出粗大的橡树,都不会采取坚决的行动来维护那些在你们抱怨受压迫时前来援助你们的被压迫的穷人。如果你们的眼睛为高傲所蒙蔽,你们就会忘记自己是国家的公仆,而且可能会用自身的范例来证实所罗门[46]所说的话是千真万确的,即当选举你们并把你们安排在这种位置的主人步行的时候,仆人却骑马和乘车。在主人当中,很多人由于热爱国家竟然败落到这样的程度,以致现在勉强才能够糊口,而且要费九牛二虎之力才能糊口。我要对你们说,这是一大坏事,然而是千真万确的事。因此,请你们仔细考虑考虑这一点吧。这是一个穷人的劝告,你们会发现,这个劝告是有道理的,如果你们也像你们所说的那样好好去做的话。

第二,至于领主,他们是征服者威廉的上校和宠臣,威廉分给他们每个人大量的土地,称他们为“阁下”,让他们监督所有被征服的英国人,不许这些人产生住在村社土地或荒地上自由生活的念头,让这些领主或别的人认识到和懂得这一层道理,以便把这些被征服的英国人赶走,就像现在领主从被开垦的村社土地上赶走掘地派一样。但是,我们希望国家的统治者能使我们、即他们的朋友们得到他们反对王权的法案的全部好处,不容许诺曼人的权力再压在曾经帮助过他们进行斗争的受压迫的穷人头上。他们不会容忍诺曼人的权力重新壮大到逐渐能够比任何时候都更厉害地扼杀我们用这样高昂的代价换来的自由的地步。

对你们的一切法律做了一番研究以后，我以自己的生命担保——因为除了生命，我再没有任何东西可以丧失——一切领主并不比已被砍头的国王的意志具有更多的占有村社土地的权利。国王之所以享有权利，因为他是征服者。而现在，既然你们已经把那曾是权力的首脑的国王赶跑，当然也应该对领主的权力采取同样的行动。所以，你们应当贯彻你们自己的议会的法案，以便把王权的这一部分力量也赶跑，好使人民看到，你们懂得了什么，你们说了些什么，做了些什么，并且怎样忠实于自己所说过的话。王权通过领主确实对穷人进行强有力的统治。至于谈到我个人，我已经在这封信和其他一些信中解释过村社土地是人民财产的原因。我开垦了村社的土地，我希望用我的正直的劳动逐渐从这个泉源中得到衣食的自由，这也就是我所希望的一切。那些所谓领主竟因我的这些行为而两次逮捕我。第一次，说我破坏了别人的地界（要我赔偿二十镑①），说我耕种了我根本没有耕种过的土地。他们不让我为自己的事业辩护，所以就用欺诈的手腕，判决把我代养的几头乳牛牵走，硬说这些乳牛是我的而把它们牵走。但是，乳牛的所有主要求归还乳牛，于是又把乳牛牵了回来。这些强盗和杀人凶手就因为我说了实话，就因为我以自己的行动保卫了议会事业的生命和实质，竟这样迫不及待地想加害于我。后来，他们又逮捕我，说我破坏了别人的地界，要我赔款四镑，还说我耕种了村社

① 原告要求赔偿二十镑，但陪审员判决只赔十镑（英国出版者注）。

的土地。我确实耕种过这些土地，并且认为这是正当的事，不是破坏什么人的地界。金斯顿的法学家曾经提议，或者是向双方要钱，因为他们那样喜欢金钱，就像穷人家的狗喜欢在寒冷的早晨吃上一顿早餐一样（但不寻找正当手段），或者是叫我不把案件提到上级机关，而由第一级审理。而在那里，他们已经知道怎样讨好领主，因为领主决定宁可花几百镑也不让穷人享用村社土地；他们不会允许我替自己的事业辩护，我应该雇用敌人，不然就要像第一次那样，成为被审判、被判罪的人，得不到宽恕和公正的对待，接着就会把我投入监牢，直到我为这个不公正的判决拿出钱来才能开释。这些法学家确实是一些精明的人，他们能把案件弄成这样：谁的口袋里装得钱多，谁就可以打赢官司。而全国都很明白，金斯顿法院充满了王权的精神，以致有些人宁愿放弃自己的权利，也不愿把自己的案件交给它去审理。这个法院的一位公职人员曾对我的朋友说，如果掘地派的事业是正当的，他就要去纠集一些陪审员把它说成是不正当的。在我第一次被捕的时候，他们就纠集了这样一些陪审员，说我耕种了村社的土地，罚我十镑。但我根本没有耕种，也没有一个证人向他们证明我耕种过。上帝，救救我们吧，让我们别再受金斯顿的陪审员、领主和王权的危害了。

这些人服从议会关于推翻王权的法令吗？不！在国王执政时期引起人们埋怨的那些不公正的事情，现在仍然在他们中间普遍存在。司法被金钱所收买。难道我们进行八年战争是为了使我们像从前一样，甚至比从前更厉害地忍受非法行为的枷锁的束缚吗？难道我们任何别的东西都没有学到吗？而你们，英国的统治者们，什么时候才能揭开新的一页呢？还是你们永远要我们上这一课呢？当然，你们是想把我们变成傻子，那时，其他国家的所有孩子都会嘲笑我们。我请你们在我们的教育上前进一步，而且走得更远一些。

你们责备我们这些老百姓，说我们不要任何政府。诸位先生，说真的，我们衷心希望有一个公正的政府。但是，现在的政府给乡绅以自由，使他们物资富足，他们把从穷人那里征收来的土地的宝藏都锁了起来，以致富人家的箱子都被金银财宝挤破，房子里到处堆满粮食和各种财物，而穷人却用劳动才能勉强取得一切糊口的东西。他们如果不能像奴隶那样做工，就只有饿死。这样，法律就把全部土地给了一部分人（这一部分人的祖先靠征服得到了土地），而不让另一部分人得到土地。但根据造物主的正义法律，后一部分人本来是可以要求得到同样多的土地的。但是你们说，这是一个公正的政府，事实上它当然只不过是一种自私自利的心理，也就是一条红色巨龙和一个杀人凶手罢了。

英国是一座监狱。法律的各种各样的伎俩都有刀剑、城堡、监狱大门做它的靠山。法学家是狱卒，穷人是囚犯。如果有人落到他们任何人（从管事到审判官）手中，不是死亡，就是一辈子被葬送掉。

当然，这个法律的权力，这个人民为自己塑造的巨大偶像，是对创造物的压迫，是游手好闲、奢侈、欺骗的泉源，是基督、正义之王的唯一敌人。虽然它也奢求进行审判，但审判官和司法官吏却为了金钱拿司法去做买卖，像所罗门的娼妇一样舐舐自己的嘴唇说，这是他们的使命，而且对此毫不害臊。

有两件事情一定可以打倒这个偶像：第一，不要让人民把自己的子女送进这些贪婪的泉源——法院，不要让人民生活在嫉妒之中，让人民遵循基督的最后的圣训——爱，让人民力求真正实现法律和先知的要旨，就是说，“像你希望别人对待你那样对待别人”，从而驱除掉嫉妒心和不满情绪。法学家们，你们实在可悲，因为你们的手艺就是世界的毒药和灾难，只是你们的权力才阻碍了基督的复临。消灭你们的权力，才会使世界得到生命。你们的权力充满了混乱，这权力也就是巴比伦城。它的崩溃的日子无疑已经临近，因为真理之光即将到来，它要消灭你们的权力，但要用自己亲口说的话和自己降临的恩典来拯救你们。

法学家的手艺是虚伪的预言之一，这种虚伪预言声称：看吧，基督在此，我要在这个法庭上拯救你们；看吧，基督在那儿，我要在那个法庭上拯救你们。但是，当我们试着做些什么的时候，我们就被埋葬掉而不是得到拯救，因为我们完全被这位救星——法律变成了一无所有的人，或者被教育成对我们的同胞冷酷无情和非常残暴的人。我们本来是应该热爱和保护他们，而不是毁掉他们的。这位救星嘲弄正义，号召每个人只救自己，不要关心别人的处境，因而是创造物的不折不扣的破坏者。说真的，信仰基督的人反对法学家的那些话应该兑现，不应该推迟清算的日期。因此，议会和军队，你们这些掌握权力的人，应当改革法律，不要容许任何人实际上把法律置于改革之外；也不要让每个人替自己的事情辩护，不要让每个人去找最能干的人充当自己的法学家。在我们的时代，每个人的负担不是已经使他满口都在抱怨法律和法律家了吗？因此，你们这些有可能减轻被压迫者的叹息的人，不要闭上自己的眼睛，塞住自己的耳朵，而要肃清这种被卖身投靠的法学家拿来压迫

人民的邪恶；这是王权的另一个分枝。

你们，塞利郡的先生们和领主们，特别是您，帕森·普拉特先生，几乎两星期来一直在要求费尔法克斯勋爵派兵来驱逐掘地派，而他满足了您的愿望，也就这样做了，为的是安抚州长。他没有授以殴打我们的全权，我们为此向他表示感谢；我们也感谢士兵们的节制，感谢他们没有消灭穷人、英国人和他们的忠实同胞，虽然您在唆使他们这样做。诸位先生，我向你们提出的劝告是：以后要规规矩矩地担任你们议员的职位，要爱掘地派，因为他们爱你们，不会触犯你们一根毫毛，如果是在他们权力范围以内的话。你们为什么要这样残酷地对待他们呢！让他们生活吧；他们中间有一部分人也是士兵，一部分人是农民，他们始终是议会所从事的事业的朋友，由于他们受苦出钱，你们才能享受和平，而现在，你们却要把那救过你们的生命的一部分人消灭掉。啊，不能这样！不要受王权的蒙骗；将来也不要让律师或法学家巧妙地从你们的口袋里把钱骗走，也不要受他们的唆使去殴打或侮辱掘地派，不然就会使一切聪明人嘲笑你们的愚蠢，咒诅你们残酷无情：你们如果还有大量金钱，那也不要用来杀人，而要用来使人由穷变富，号召他们到村社的土地上去居住；这将是你们的荣誉和安慰。请相信，在你们还没有成为穷人的朋友之前，你们永远不会得到真正的安慰。因此，去吧，去热爱掘地派吧，把你们从他们那里夺去的土地都归还给他们吧。如果你们没有这样勤劳的人为你们工作，你们将会一事无成。

你们，军队和议会中的高级公职人员，爱你们的普通士兵吧（我是为了正义和理智才说这番话的），不要长期拖欠他们的薪饷，

用这种办法迫使他们以低价放弃债权，然后去购买我们的村社土地、王室土地和其他土地，这是使一些人损害另一些人的做法。要记住，你们是为英国的老百姓服务的，你们在战争中曾经充当志愿军，老百姓因为你们受苦而十分慷慨地捐献出了自己的东西，以至于我们有一部分人只给自己留下仅够糊口的面包。因此，作为胜利品而夺来的王室土地、主教和副主教的土地，以及林地和村社土地，都应该自动地归还贫穷的老百姓。你们应该满足于自己的薪俸，如果你们不想抛弃上帝、基督和《圣经》的话；你们不应该一个人从另一个人手里购买属于整个国家的东西，因为根据造物主的法律，你们不应该向别人买财产，也不应该卖财产给别人，因为基督没有给你们这种权力。难道你们是把土地从王权的桎梏下解放出来，又让它套上另一种更加恶劣的王权的桎梏吗？我请你们看看你们在做些什么，并请你们按公道办事。我们是穷老百姓，我们出过钱，提供过宿营地，所以我们同你们有一样的权利来得到这些王室土地和未曾好好垦殖过的土地。因此，我们不允许你们买卖我们的王室土地和侵吞我们的土地，因为这是我们得到的遗产，是从奴役制度中买来的，这是我们自己的，是英国的穷老百姓的。这些土地是从我们手里夺走的，以前各个征服者都没有把它们还给我们。这些征服者的最后一个就是被你们和我们合力赶跑的那个诺曼的征服者。因此，你们没有权利夺取我们的土地，正如我们没有权利夺取你们的土地一样，因为这是我们共同买来的遗产。我们给你们薪金，是为了使你们能够把它归还我们，而不是把它据为己有，把我们赶走，由你们互相买卖：这是你们所支持的靠刀剑维持的王权的骗局，而我们则公开向全世界声明，你们这样做就是违

背上帝、基督和《圣经》(你们却说上帝、基督和《圣经》是你们自己的东西)。上帝、基督和《圣经》不承认这样的行为。因此,我们向所有的人宣布,你们这样做,就是掠夺我们的权利,就是杀害我们,拒绝给我们自由生存的手段。王室土地、村社土地、荒地、主教和修道院长的土地,是我们自己的遗产,而你们有些人却已开始谈论这些土地,说他们的良心不能允许我们占有这些土地。啊,你们这些"好心肠"的贪心的人,话说得多么漂亮呀!如果你们这样做,你们就是支持王权,从而也就是既违背了议会的法令,也违反了你们的誓言;你们不给我们本来属于我们的土地,不给我们生活资料,从而使我们遭到痛苦的死亡,你们就将背离不杀人、不偷盗这两条诫律。

最后,我要在我能够看出王权的地方指出它来,你们将会看到,它牢牢地保存在领主的手中。这些领主对待一些心胸坦白的人的态度是不怀好意的:其中有些人到掘地派那里去寻衅闹事,但是,我们不同意他们这种做法。

领主派士兵来消灭我们和捣毁我们的一切房屋,毁坏我们的劳动果实。但是,我们一再忍让,在过去的四十个星期中从来没有对他们使用过暴力,并且怀着仁爱的心情希望上帝使他们的心变得温和起来;而我们希望的一切,也不过是安安静静地生活在我们出生的土地上,靠诚实的劳动生活在属于我们自己的村社土地上。但是,直到现在,所谓领主还是不愿容忍我们,对我们横加迫害。这难道不是王权的一部分吗?

下面我将很容易地证明这一点,因为这明白得连三岁小孩子都能懂得。这是暴政,是黑暗的王权,因此,我们希望你们能通过自己的议会法令做出一件好事来,使我们能够说英国真是人民共和国,人民真是自由的人民。

诸位先生,虽然你们的征收什一税的牧师之流对你们说,我们掘地派不信上帝、基督和《圣经》,把我们说成可恨的人,而把自己说得很好。但是,经过一些时候,当我们所服务的正义之王宣布我们无罪的时候,你们就会看到,我们的言行就是《圣经》,并显示出上帝和基督的真正的权力;因为一切说教、祷告和忏悔的顶点,也无非是达到这样一种行为:"爱自己的敌人,像你希望别人对你那样来对待所有的人,这就是法律和先知。"这是基督留下来的新诫律。现在,如果有谁口里这样说而实际却不这样做,甚至言行完全相反,我就不会同意他们的做法,在我看来,他们就是支持可诅咒的东西的家伙。

只是口头谈论正义而不按照规则行事、直到如今还在支持支配创造物的黑暗势力的王权,就是产生人间一切难以置信的惊慌不安和愚昧无知的根源。

但是,由爱的内在力量而来的正义事业,将根据造物主的意志控制正义之王。现在,在这最后的日子,这些事业将把蛇蝎赶走;这是基督正在复活的权力:它一复活,很多无所作为的言词(这是虚伪的言词)就会消失,它的审判就会很快完结。

如果有人借助黑暗的王权来利用地上的东西满足自己的需要,而不让别人享受自由,那么,他们就是抛弃上帝、基督和《圣经》,推翻自己的一切说教、祈祷和忏悔;《圣经》就宣布他们是伪善者、背书人、法利赛人、光说不做的人;他们言而不行,正如荷尔什里塞利的传道者帕森·普拉特一样。我们耕地的那个地方的一个领主（由于裙带关系而成为领主），在一个大冷天的夜晚，把一个住在村社土地上的老头子的房子拆毁，把老头和他的妻子赶到露天底下，只因为他是一个掘地派。这位领主同其他一些领主和乡绅把自己的奴仆派到城里，要他们告诉上下层居民中的房主和邻居，不要给掘地派房子住，不要给他们东西吃，并且威胁这些人说，不这样做就会引起这些先生的不满。虽然这个帕森·普拉特也宣传《圣经》，但我总认为，他不信上帝、基督和《圣经》，而且他还根本不承认这一点，因为贪婪、骄横和嫉妒蒙蔽了他的眼睛。一个人再没有比有机会进行活动更能懂得正义了，当然这是普拉特说教的残酷，是非正义的法律。

掘地派不是敌人，他们即使是敌人，你们这些领主也应该爱护他们。我确信，他们是爱护你们的。如果你们怀疑这一点，那就把他们交付审判；你们会发现，他们比很多阿谀奉承的奴隶和饕餮的仆役还要忠实，而当这些奴隶和仆役在你们面前散布对我们充满嫉妒的流言飞语的时候，你们却很乐意听他们的话。

我们还听说，为了使我们这些称作掘地派的人受人仇恨，使你们再来反对我们，各式各样的法官以及其他一些人曾进谒将军，到国务会议去，对你们说，我们掘地派是保皇党人，我们曾等待良机，勾结起来想保卫王子。

但是，知道我们的人都可以证明，这是那些法官的无耻造谣，因为我们曾经是而且永远是议会事业的朋友，这种耕种工作——以便使英国变成自由共和国——是议会事业的生命和反映，而议会的两个法令（一个是关于驱逐王权的法令，另一个是关于把英国变成自由共和国的法令）都谈到了这一点；我们现在和将来都要服从这两个法令，因为这两个法令是宣扬正义的。

至于说我们要进行武装发动来保卫王子或其他某个人，那就请随便哪个人来看看我们的力量和工作，他会说，这只是一种对我们满怀妒意的诬蔑，目的是要你们再来反对我们。

此外，你们很快就会看到，我们的原则完全反对以每个人为代表的王权，也反对以一个人为代表的王权。我们也听人谈起他们曾对你们说，掘地派偷窃和抢劫别人的东西。这和前面所说的一样，也是一种诬蔑。我们手里的东西就是我们曾经被偷走的东西。但是，如果谁能证明，我们中间有什么人像他们所说的那样，偷了别人的财产，比如羊、鹅、猪等等，那就请他们对全世界揭露吧。

从我这方面说来，我不承认曾经做过这样的事情，正如我不知道掘地派有谁曾经做过这类事情一样。他们还报告说，我们掘地派人干出共同占有妇女这一类的兽行。从我这方面说来，我反对这种做法。土地应该成为一切人的公共宝库，我认为是正确的；至于妇女，那就让每个男子都有自己的妻子，让每个妇女都有自己的丈夫。我不知道掘地派中有哪一个人这样违反理智地共同占有妇女。如果谁这样做，我郑重声明，我与这样的人毫无关系，我要把他们交给自己的上帝，上帝会使他们的灵魂备受折磨，肉体染患重病。

有人把这些话以及诸如此类的流言飞语传到你们那里，是为了让你们反对我们。但是，我们想指出，我们知道是哪一些人把流言飞语传到你们那里去的。我们可以当面对他们说，他们是保皇党，参加过肯特郡的叛乱，煽动过后来引起威斯特敏斯特广场流血事件的可耻的塞利郡的请愿。如果他们看见王子与军队一起来镇压你们，他们将十分高兴。我们知道，他们是为了自己的目的而表面装出爱护你们的样子的，这也就是骄傲的阿曼们，他们希望把你们扶植起来去反对国内的摩尔杜哈，甚至反对你们的忠实的朋友掘地派。我们虽然受到迫害，但我们为我们的内心的正直而高兴，我们实现了公正审判的人的意志。

显然，将军就是根据这些假报告和哀求，给领主派去了士兵，让兵士与郡长一起来拆毁掘地派的房屋。于是，士兵就来了，但他们却表现得很有节制，懂得事理，他们是被派去保护郡长的安全的，他们认为这是自己应该做的事。但是，没有任何理由要采取行动，虽然乡绅们左右了将军的意志（因为他们害怕掘地派起来斗争），但士兵们发现，掘地派没有丝毫不满的表示，却以充满爱和容忍的精神同领主这些巨龙进行斗争。那两位领主带着一些骑马和坐马车的士兵前来，命令充满恐惧的士兵当着他们的面拆毁掘地派的一所房屋，在房屋被拆毁时大喊大叫，表示自己的高兴。尽管这样，站在附近的一些掘地派仍然精神振奋，并向那些土耳其巴夏们宣传福音，因为福音将成为他们生活的语言，而且随着时间的推移，将成为他们觉醒过来的良心的恐惧与痛苦的语言。

而那些动手拆毁房子的穷人也不敢不这样做，因为他们的地主和领主出于担心自己会被撤职或丧失生活资料而监视着他们。

同时，穷人之所以正直，正是因为他们善意地观察掘地派的行为，虽然他们不敢靠近，不敢公开说话，以免他们的地主的狗腿子听出他们说话的声音，编造出阿谀奉承的流言飞语，而领主的耳朵对于流言蜚语总是特别敏锐的。很快就把管事派到穷人那里，警告穷人离开自己的房屋。

土耳其巴夏奴役自己奴隶的程度远不如宣扬福音的领主奴役自己农奴的程度，难道这不就是王权吗？啊，你们这些英国的统治者，我希望你们能够注意让你们自己颁布的法令付诸实施，让被压迫者得到自由。

当这些贫穷的奴隶在暴力的逼迫下拆毁房屋的时候，他们的领主就赏给他们十个先令去痛饮一番，并且对他们报之以微笑；他们心里却充满恐惧，正像一条狗当它主人给它一块骨头，并且手持鞭子站在它旁边的时候，它一面啃着骨头，一面惶恐地抬头望着，摇着尾巴的那种样子，因为他们不敢笑，唯恐他们的领主听见他们公开在笑主人。他们心里是赞成掘地派的。所以，你们这些领主们，既然你们除了用威胁的办法强迫别人以外得不到任何人的支持，那就请你们放弃反对神明的尝试，承认自己战败，并且投入正义的怀抱中来，以便能够及时得到宽恕吧。

在这件事情发生后的第二天，有两个士兵和三个农民来到掘地派修建的另一所房屋（这座房屋在前一天没有被郡长叫人动过，因为据某些人说，郡长对自己所做的事感到悲痛）。其中一个士兵非常和善，他以兄弟般的感情对待掘地派，看了他们耕种的土地，称赞他们的工作，没有给他们带来任何的损失（当时，其他一些人的情绪也是这样）。他本着自己的意思去做，给了掘地派十二个便士去喝酒；另一个士兵却十分粗暴，他强迫那三个农民帮他拆毁房屋，并且狠狠地辱骂他们，因为他们不愿意拆毁房屋。但是，他们终于在地主和士兵的威胁之下，不得不动手拆毁房屋。

尽管掘地派看到帕森·普拉特（这个领地的领主）不让他们有自己的房屋（他这样做就是忘记了自己的导师基督。他迫害衣不蔽体的人、饥肠辘辘的人和没有房子住的人,也就是迫害基督),但他们仍然精神抖擞,倾向于等待上帝的意志,以便看看帕森·普拉特将要做些什么。他们修建了一些像牛棚一样的茅屋,晚上在那里过夜,白天则怀着使人惊奇的愉快心情继续自己的工作,看到自己的财物被毁坏心里并不沉重,认为为了正义而遭到神父和传道者(这些神父和传道者是把耶稣基督置于死地的犹大和邪恶的法利赛人的承继者)迫害是莫大的幸福。他们种了若干英亩小麦和裸麦,这些麦子长得不错,收成一定有把握,他们把自己的事业交给上帝,把希望寄托在上帝身上。他们说:“啊,您,正义之王,一切由您来安排吧。”

啊,如果你们更仔细地研究和检验我们的做法,你们就会看到,我们是不是像神父们诽谤我们那样,不信上帝、基督和《圣经》,你们也会发现,《圣经》要求实现我们的事业,基督上帝是我们灵魂的生命,是在我们遭到不明智的人的恶毒迫害时对我们精神的一种支持。这些不明智的人不相信基督,支持你们自己用投票表决的办法消灭了的王权。你们还会看到,我们生活在这样一件工作正在实现的过程中,这件工作是议会事业的生命和反映,我们就是以这件工作向议会及其事业致敬。你们也会从这篇宣言中看到,这将奠定英国宪法或共和国自由的不可动摇的基础,这样的基础就是正义和理性。

在那些以征服者的姿态出现并靠刀剑的权力进行统治的国王的时代,不仅村社土地,就连圈地都被这些国王下令侵占。直到现在,我国最后几个国王赐予乡绅的自由,都比后者在征服后不久获得的自由要多。但是,他们仍然身受压迫,因为监狱、皮鞭和刀剑的权力都是这种压迫。刀剑的权力强迫人们服从,从而奴役人们,就好像刀剑在战场上逞凶肆虐一样。

英国在王权时代遭到这样的奴役,以致乡绅和人民都在压迫的桎梏下呻吟。为了使自己的生活好过一些,他们力图召集议会,靠议会会议和法令来争得一些自由。

但是,当时的国王查理发现,他们要求的自由将会损害他的特权的暴政,于是他就到北方去发动反对议会的战争,重新拿起征服者威廉的刀剑,使英国仍然处于过去的征服的桎梏下,并且支持自己的王权。这种权力是专横和特权的权力,是以前各次征服所产生的力量;换句话说,它就是要按照自己的意志统治一切人的生命和财产,把我们完全变成它的奴隶和附庸。由主要的领主、庄园主和乡绅们组成的议会看到,国王在纠集军队,从而表明他要用刀剑奴役一切人的意图,于是,充满绝望的议员们就号召老百姓拿出自己的银子、金钱、税款和财产,把自己的房屋让给军队驻扎,和他们一起去冒生命的危险,他们企图把英国从诺曼人的桎梏下解放出来,并使我们成为自由的人民。老百姓也同意这样做,把这叫做议会的事业,把它当作自己的事情,并且不惜生命和财产来加以支持。在议会和人民的同心协力之下,国王在战场上失败了,被砍掉了头,王权也被消灭了。这样,我们人民从诺曼人的征服下得到了应有的解放。我们什么都不要,只要土地,即为了维持自己的生活来自由使用土地。

因此,由于战胜了国王,我们老百姓,或者说小兄弟,捍卫住了我们对村社土地的所有权,并且真正把它作为我们的所有权,正如我们的兄长捍卫住了自己圈地的所有权一样。这是根据英国法律

的三个理由：

第一，这是用合法的购买或通过议会与我们之间的协议所取得的；他们是我们的地主和领主，当国王掌握权力的时候，他们没有给过我们自由，他们靠这种办法从国王那里得到了封号；国王是头目，他们是借助于曾经作为统治权力的征服者的古老刀剑来奴役人民的王权的枝叶。他们曾说：来帮助我们反对奴役我们的国王吧，如果我们从他的暴政下解放出来，我们会使你们成为自由的人民的。

现在，他们自己却在奴役我们。如果他们不把我们从这种奴役中解放出来，他们就不可能使我们成为自由人。换句话说，他们剥夺了我们的土地自由。我们和他们同样摆脱了国王的压迫。现在，我们根据我们同议会之间缔结的协定和协议，要求从你们还使我们遭受的奴役下解放出来。而议会曾经是由领主和地主组成的（我说），因为我耕种村社土地而逮捕我的德雷克先生当时就是其中的一个成员。因此，根据买卖的法则，我们向他们要求我们的自由，以便太太平平地同他们一起生活在我们祖国的土地上；而当我们生活在贫困之中，并且被禁止去耕种村社土地和荒地以得到食物的时候，就不可能做到这一点，因为你们夺去了人民的土地，人民就将经常陷于死亡和不幸之中：人民即便死去也比没有食物和光明来得强。但是（我说），他们在下议院把我们的自由出卖给我们，从而获得一大笔收入，因为他们是依靠我们的鲜血和金钱才能安安稳稳地生活的。要是国王占了上风，他们就会丧失一切，并且受到保皇党当中最低贱的人的奴役，如果国王想这样做的话。因此，我们老百姓说：履行我们的协议吧。如果你们否定我们的建

议，你们就是否定上帝、基督和《圣经》，而你们的一切信仰都是伪善的。

第二，村社土地和王室土地都是我们的财产，因为我们在击败王权的胜利中出了同样一份力量。议会从来没有用诺言和盟约来发动人民，说要帮助人民打倒国王，并且建立人民的权力来代替王权和特权；没有，但是他们的一切宣言都谈到整个民族得到拯救和享有和平。

因此，老百姓是民族的一部分，特别是那些在驱逐奴役者的日子里遭到最深重的痛苦的人。当受压迫的穷人陷于贫困之中，而他们的土地由于奴隶制而被奴役和剥夺的时候，民族是不能过太平日子的。

但是，在战胜国王以后，战利品即土地应该在两个集团之间即议会和人民之间进行平均的、公正的分配。由领主和乡绅组成的议会对于拥有自己的圈地应该是毫无困难的，因为这种土地用不着纳税。

由士兵和纳过税并提供过宿营地的人组成的平民，应该有按照公正原则平均使用荒地和王室土地的自由。无论是士兵或是其他出钱支援过士兵的人，都不应该占有一切，战利品应该由留在在家里的人和参加作战的人均分，因为胜利是整个民族的胜利。

不管议会曾经声明，它所做的一切都是为了民族，而不是只为了自己，也不管我们同意军队的说法：他们不是为自己而是为整个民族而战，可是我说，我们是用纳税和提供宿营地为代价向他们买得了我们的自由。因此，我们要求在这一次战败国王的胜利中享有同他们一样的自由。

第三,我们要求在这一次战败国王的胜利中享有同样的好处,是根据议会的两个法令:一个法令是关于把英国变成自由共和国;另一个法令是关于消灭王权。现在,王权(这一点你们听说过)是在贪婪和自私中用剑进行统治的权力,这个权力把土地分给一部分人,而不分给另外一些人。这个王权不是掌握在一个国王手中,而是掌握在领主、庄园主,特别是掌握在也支持这个权力的贪污受贿的法官和法学家手中,因为国王是首领,这些人和征收什一税的教士是这个残暴的王权的枝叶;一切枝叶和成员都应该在王权被连根带枝铲除之前加以消灭。但是,不要误解我的意思,我不是说:把人本身也消灭掉。不,我不想损害他们(我甚至不想损害他们的一根毫毛)。但是,我说,要消灭他们的权力,因为他们用这种权力使人民处于被奴役的状态,正如国王使他们处于被奴役的状态一样。我说,这就是我们所要求的自由。我们之所以要求自由,既是由于协定,也是由于大家对战利品享有同样的一份,同时也是由于根据把土地平均分给一切人的正义的造物主的法律。

而领主的专横正在于此;他们不给平民以自由,不让他们享用土地的果实,如果他们不服从他们,或者不交地租,罚款或租地继承捐[47]的话。当然,上帝创造土地不是为了让兄弟不住在土地上,即便是他不为自己的兄长作工和不付给自己兄长这块土地的地租[48]。不,这种奴役是由征服产生的,而这是王权的一部分;英国在没有消灭压迫之前不可能成为自由共和国。你们消灭了国王,你们消灭了上议院;现在请你们再往前走两步,消灭领主和收什一税的教士的权力,消灭歪曲法律的法官的令人难以忍受的压迫,这样,你们的工作将是光荣的。

第四，如果不给平民以这种自由，不让他们享用村社的土地，那么，议会、军队和法官就是放弃了正义和理智。管理良好的国家的法律应该以正义和理智为基础，如果这一正义被否定，人民中间就没有法律可言，只有专横的权利了。如果必须由刀剑来管理，那么，每个政党都会力求掌握这把利剑，那时就会与和平分手，而且是与宗教和福音分手，如果福音不被变成人们彼此之间的圈套的话。正如我们清清楚楚看到的那样，有些僧侣和其他一些人把福音变成自己进行欺骗的挡箭牌。如果我和你们一样曾冒失去自己的生命和自己的劳动果实的危险，我就应该得到你们所竭力追求的东西——我应该和你们同样分享的战利品，即平等和理智。你们不应该独占一切，而我什么也得不到。如果你们不给我们这些东西，你们就是夺去了我们的财产、我们的金钱和鲜血，而不给我们任何的补偿。

因此，我说，村社土地是我自己的土地，正如它也是我的弟兄即平民的土地一样。根据造物主的法律，它真正是我们的财产，是属于所有的人的，而不是属于某一个人的。

是的，根据议会最近颁布的两项法令——这两项法令是英国新的正义的政府的基础——村社的土地也的确真正是我们的，正如兄长可以说圈地是他们的一样，因为他们冒过生命的危险，并同我们签订了关于保护他们的自由的协议；我们也冒过生命的危险，所以他们同我们签订了协议，以便把我们已经失去几百年的自由替我们买来还给我们。

基督用可以忍耐的痛苦，而不是用死亡，
杀死了魔鬼。

从而，在此以前，
他战胜了自己的敌人。

毫不欺骗的真正的宗教如下：归还某一个时期用征服的力量夺去而未给予平民的土地，从而解放被压迫者。不是一切人都要土地吗？乡绅要土地，僧侣要土地，平民也要土地；土地的买卖是人们用来欺骗别人的一种方法。现在，如果谁能根据正义法律证明，土地是专为他和他的后人创造的，那我认为就让他去享有自己的土地吧。但是，我可以肯定说，土地是为一切人而创造的，真正的宗教在于让每个人都享有土地。因此，如果你们这些英国的统治者把王权从我们手中夺去的土地归还给我们，解放被压迫者，皈依和赞美成为复兴的力量的基督，你们就会得到和平。

以纲领形式叙述的自由法[49]，或恢复了的真正管理制度

把《自由法》敬献于英吉利共和国军的将军
奥利佛·克伦威尔，以及我的信教的和不
信教的、自认为根据《圣经》的训诫生
活的英国兄弟和世界各国人民。
自由法将说明什么是国王
政府，什么是共和政府。
杰腊德·温斯坦莱谨呈

啊，英国，法律正在你这里升起，光辉四射。
你接受它，就将给自己戴上王冠。
你拒绝它，仍然是一个不驯服的国家，
别的国家将接受它，并把王冠夺去。

《启示录》第十一章第十五节

《但以理书》第七章第二十七节

伦　敦

杰·门为作者刊印。圣保罗教堂以西黑飞鹰街尤尔斯·卡尔佛特书店出售。1652 年。

给英吉利共和国军队将军奥利佛·克伦威尔阁下的信

阁下：

上帝使您得到从摩西以来一个人能够得到的最大光荣，让您成为赶走了压迫者法老的人民的领袖。诺曼人的统治权力在征服了我们的祖先之后，夺去了他们对英国土地的自由支配权，把他们变成了自己的奴仆。但是，上帝选您作为自己胜利的武器，赶走征服者，并以您的胜利重新把我们的土地和我们的自由从诺曼人的政权的手中夺了回来。

人们还希望您完成下列事情：保证把压迫者的政权和压迫者本人一起铲除，设法把英国被压迫的平民自由占有土地和享受自由这一点固定下来。

当被征服者的土地和自由没有回到为其冒过丧失生命和财产的危险的人的手中时，荣誉的桂冠不能属于您，您的胜利也不能叫做胜利。

阁下，因为您知道，国王一征服者遭受失败不仅是由于您，因为您只不过是一个人，也不仅是由于您的军队中的军官，而是由于得到平民的支援和帮助。在他们当中，有些人同您一起冒过生命的危险，另一些人留在家里耕种土地，缴纳捐税，让出自己的房屋供军队住宿，在你们作战时支援你们。

因此，从征服者手里夺来的一切，都是平民同心协力夺来的，并且根据一切正义说来，所有帮助过您的平民都应该同您一起从征服者的统治下解放出来，因为大卫[50]法上说："战利品应该在作战的人和留在家里的人之间进行分配。"

土地权掌握在您手中，您必须从下面两种做法中选择一种：或者是第一种做法，那就是为了曾经帮助您和支付过军饷的被压迫的平民而把土地解放出来。这样，您就会履行《圣经》的训诫和您自己的职责，从而获得应有的荣誉。

或者是第二种做法，那就是把征服者的权力从国王手中夺取过来，把它交到像从前一样遵循古老法律的另一些人手中。这样，您的智慧和荣誉就将永远丧失，您不是自取灭亡，便是为后代将遇到您曾见过的最大奴役制度奠定基础。

您知道，当国王达到自己的压迫权力的顶峰时，人民只能在自己的房子里对他发发牢骚。但是，后来人民站在房顶上进行宣传鼓动，说他是英国的暴君和和平的背叛者，而他终于被推翻了。

创造物中的正义力量现在仍然和以前一样：如果发现您和其他与您一起掌权的人沿着国王的脚迹前进，您能防止自己或者您的后人不被推翻吗？当然不能。

一切创造物的神（这个神就是上帝）正在世界上进行改革，他将继续完成自己的事业。既然他不怜惜那个如此长久地坐在他的右方并且统治着世界的国王，那么，只要人们认为您的道路并不比国王的道路更合乎正义，他就更不会怜惜您了。

全国人民的眼睛都在注视着您，不，我认为，我能说的是，一切邻国的人民的眼睛都在看您将会做些什么。而您的至今还在王权下备受折磨的被压迫的朋友,正在眼睁睁地等着在国内能够得到您曾答应在获得胜利时将给予他们的那种自由。不要失去您的荣誉的桂冠,把它拿来戴上吧。但是,您要知道,在您还没有实现您向朋友提出的“谁把事情进行到底,谁就会获得桂冠”的允诺和誓约以前,它将不会是一顶光荣的桂冠。但是,当国王的法律和政府还没有像国王本人一样被消灭的时候,您不会看见您的事业已经告一段落。

约拿的南瓜——这是一切身居高位的人的例子。土里的虫把根咬坏了,南瓜就死了,约拿十分悲伤。

阁下,请您宽恕我:我的神经如此紧张,以致我必须把一切坦白告诉您,以后您才不会对我说:要是您直截了当地告诉过我,事情也许早就改正过来了。

您的南瓜生长的土地——这就是普通的英国人。

南瓜——这就是授予您的权力,只有当您把真正的自由而不是别的东西给予人民的时候,您才能得到这种权力。

您的南瓜的根——这就是人民的心,它在国王奴役的压迫下呻吟着,渴望在自己的英国土地上获得共和制的自由。

咬坏您的南瓜的根的地里虫子——这是由于掌握权力的人没有兑现他们向人民提出的誓约和诺言而引起的不满情绪。

这个虫子有三个头:第一个头是等待有利时机的头;它在等待热风吹来,使您的南瓜枯萎而死,而它却假装出同情您的样子,等等。

另一个头在您的南瓜藤的庇护下幸福地成长着,它将在一切问题上重复您的话。它被当作是诚实的，但它不是您的也不是共和国的好朋友，而只是自己的肚子的好朋友。

第三个头是真正忠实的，是开诚布公的，它由于直言不讳往往被撤职，被投入监狱和备受压抑。对这个头所施加的那种压迫正在煽风点火，而前两个头则在等着这把火烧起来，以便烤火。

您不是希望您的南瓜总是在生长吗？那么，您就要关心在土里的根，即在您的朋友——被压迫的、普通的英国人——的心里的根，并且把虫子弄死。任何东西都不可能把虫子弄死，除非实现口号，以及您所提出的把他们从暴政下解放出来、使他们成为自由人的诺言和保证。

也许您会对我说：我该怎么办呢？我回答：您占据这样的地位，掌握这样大的权力，您可以把您的朋友、普通的英国人肩上的一切重负卸掉。您会问这个重负是什么？

我举几个例子来说明我根据亲身的经验所知道的是一些什么东西，人民每天都在抱怨什么，人民在什么东西的重压下呻吟着，同时眼睁睁地等着您来解救他们。

大多数人民抱怨说：我们交了税，提供过房屋供军队住宿，荒废了自己的土地，在战争中失去了朋友，而税吏现在向我们所收的税比以前还要多。我问很多人道：你们为什么这样说？有些人回答道，诺言、誓言和所承担的义务只成了要他们在战争中出力帮忙的借口。你们曾经答应过保存议会的权利和臣民的自由，彻底消灭一切僧侣、主教和暴政，而这些诺言并未兑现。现在是兑现这些诺言的有利时机了。

他们说，首先，议会互相更迭的趋势停止了，而议会更迭是和平与安全(以及人民的自由)的最大保证之一。如果这种静止不动的状态继续保持下去,我们受世袭的议会的欺侮,将超过我们受世袭的国王的压迫。

至于叫做臣民的老百姓,在国王—征服者还掌握政权的时候,就没有得到自己的自由。我将根据人民当中普遍存在的怨言来谈谈他们的问题。人们说,僧侣的压迫到现在还以三重形式压在老百姓身上。

第一,如果谁在关于上帝的问题上说出自己的看法,而这种看法又与僧侣的说法或高级公职人员的意见相抵触,那么,他就会像在神甫和主教的统治时期一样,因为一句话而失去公职,被投入监狱,遭受剥夺,被摧残和被宣布为罪人。虽说神甫和主教的称号现在已经被取消了,但他们的最高委员会的审判权力仍然生效,并且因为人民的信仰(虽然这些人的行为是不应该受到谴责的)而迫害他们。

第二,在很多教区中安插了一些十分愚昧无知的主教派旧神甫和旧的神职人员。他们是共和国自由的最凶恶的敌人,是君主制的朋友,被派遣充任传教士,继续向人民灌输自己精心制作的训诫,破坏我们所宣布成立的共和国的和平,引起本来过和平生活的邻居的不满。

第三,我们的土地直到现在还受着什一税的压抑。国王从我们身上征收什一税而把它交给僧侣,目的是用我们的血汗来维持僧侣的生活。因此,虽然他们的说教用荒谬、矛盾、令人费解的疑团(因为他们臆想出来的毫无根据的教义不可能被人理解)塞满很多人的头脑,我们仍然要为他们干这种事而给他们相当多的什一税。这是一种压迫。

第四，如果我们到法学家那里去，那就会发现他俨然坐在征服者的位子上（虽然国王已被推翻了），在上面支持王权，因为在很多法庭和法律问题上，法官和法学家的意志高于法律条文，而很多案件和诉讼给了当事人很大的痛苦，使他们的土地转到贪得无厌的法学家的口袋里。由此我们看到，虽然别的人受着严刑峻法的管制，很多大法学家却逍遥法外，像征服者那样为所欲为。我自己就听见很多与法律有关的人士说，"没有什么事情是我们不能做的。"

第五，人民说，如果看看诉讼程序，就会发现事情同国王统治时期一模一样，只是改了改名称罢了，仿佛英国的老百姓交税、提供宿营地、流出自己的鲜血不是为了改革法律，而只是为了给它起一个新的名称，把国王法律改名为国家法律似的。因此，人民失望的情绪增加了，诉讼事件比以前还要来得多。于是，就形成这样的情况：一只手用剑推翻了王权，另一只手又借助于旧的国王法律恢复了君主制。

实际上，改革的主要目的就是要改革僧侣、法学家和法律，因为全国的一切怨恨正是集中在这三方面，而不是集中在国王个人身上。

别国的人也会说，尽管议会和英国军队拥有杰出的人物，但是他们仍然没有能够把僧侣、法学家和法律改革过来，并且不得不把国王的一切原封不动地保留下来。

当人们看到我们共和国的政府建立在国王的法律和原则上的时候，难道不会使您的荣誉扫地，不会使所有的保皇党人窃笑吗？

我问很多士兵为什么而战。他们回答说，这个问题很难回答。

这是千真万确的：如果君主的法律原封不动地保留下来，他们对这个问题确实不能回答。但是我在等着看一看将要做些什么。我对我们共和国政府将建立在自己的基础上这件事，是深信不疑的。

第六，如果我们看看教区，在那里也可以发现很多压迫的现象。

（一）领主的权力至今还压在他们的兄弟身上，实行罚款和租田继承捐；如果他们的兄弟没有付给领主地租，他们就不让这些人自由使用村社的土地。领主的政权要求人民像国王执政时那样服从，甚至比国王执政时还要服从。

但是，现在人民说：他们凭什么权力保存着统治我们的权利呢？以前，他们是从国王那里得到自己的权利的，而国王是征服者的继承人。但是，英国的老百姓难道没有把国王赶走，没有解除这一征服的束缚吗？因此，他们摆脱对领主权力的奴隶般的服从，也是天经地义的事。

（二）在有村社土地的教区中，富有的诺曼人的自由持有农和新的（更贪婪的）乡绅的牛羊布满了村社的牧场，以致小所有者和贫穷的劳动者几乎不能喂饱一头牛。于是，穷人到现在还是穷人，他们被剥夺了使用村社土地的自由，穷人所得到的帮助并不比在国王或征服者执政时期来得多。

（三）在很多教区中，两三个头面人物完全操纵分摊税款的事情，对警察和其他官员施加压力。在分摊兵员方面，他们也参与其事，设法使自己摊不上，而把它转嫁到比较穷困的人的头上。而且他们时常超出法律上规定的征税权限来征收大量款项，也不解释是根据什么理由这样做的，下面的人又不敢要他们报告征税的情况，因为他们对敢说这样话的人，只要一有机会，就加以迫害。如果谁对委员会或法官提出申诉，他不是被衙门拖拉的作风弄得筋疲力竭，就是他对压迫提出的申诉毫无结果。由此我们看到强者之间互相包庇，而被压迫的穷人却得不到支持。

（四）还有一种使人民十分气愤的压迫，那就是农村的人不能在城市市场上出售粮食和其他农产品，除非他交税，不然就被赶出城市。我们所以要为自己的土地纳税和提供士兵的宿营地，就是为了取得我们土地的自由和城市的自由，但有些人靠着旧的国王的令人不堪忍受的法律，不顾自由共和国的法规，从我们手里把这种自由夺去，转交给贪婪的诺曼人征税者，这是对我们的一种莫大的侮辱。

人民埋怨说：现在小所有者和农民承担着一切重担，他们耕地，交税，提供士兵的宿营地，各方面都超过了自己的力量，还派兵参加军队，挑起最沉重的战争的担子。但是，压迫他们和靠他们的劳动优哉游哉地过活的乡绅们，夺去了他们在人间过温饱生活的一切资料。

人民中间经常有人这样说：我们在战争中失去了自己的土地，失去了自己的朋友，我们毫无怨言地忍受了这一切，因为有人曾经答应要给我们自由。而现在，终于出现了新的主人，我们所受的痛苦反倒增加了。虽然各种人都承担过推翻王权的义务，但是王权到现在仍然存在，并且掌握在那些对土地的权利并不比我们多的人的手里。人民说，领主和我们的税吏曾经从旧时王权那里获得比我们优惠的土地权，但是这个政权现在已被推翻了，被赶跑了。

议会颁布了两个法令。第一个是关于推翻王权的法令，这条法令已被反对国王和上议院的义务所确认;第二个是关于宣布英国是自由共和国的法令。如果领主由于军队战胜国王而提出要比我们拥有更优惠的土地权,那么,我们也应该拥有同他们一样的土地权,因为我们的劳动、我们的鲜血和我们的朋友的死亡,如同他们的一样,都是为使土地获得自由而付出的代价。

人民说,虽然英国的土地足够维持比它现在多十倍的居民的生活,但是有些人却不得不乞求自己弟兄的施舍,为自己弟兄从事劳苦的工作,以换取按日计算的工资,不然就会挨饿,或者偷窃,或者作为一个不配活在世上的人而被吊死;此外,只有向自己的兄弟交纳地租,他们才能被允许耕种荒地来维持自己的生存,这难道不是奴役吗?这就是压得上帝的创造物呻吟的重负!而所谓臣民并不享有天赋的自由。他们的兄弟曾经答应要给他们这些自由,但是现在并没有给予这些自由,这是根据弱肉强食的法律办事的,而不是根据正义的法律办事的。

既然征服者已经没有了,我们现在应该成为谁的臣民呢?

我回答:我们应该或者成为法律的臣民,或者成为人的意志的臣民。如果成为法律的臣民,英国的一切人都是臣民,或者应该是臣民。但是,尚未批准施行的一切人都应该成为其臣民的法律究竟是什么样的法律呢?

如果有人说应该由旧的国王的法律来统治,那么,可以这样回答他:这些法律有很多模糊不清的地方,只有很少人知道什么时候要服从它,什么时候不要服从它,因为它是征服者的法律,是为了使人民服从征服者的意志而颁布的。

因此,这些法律不能成为每个人的准绳。此外,我们每天看到国家官吏所做的许多事情都不能用任何法律来解释，而只有用他们自己的意志的特权来解释。

如果我们应该成为人们的臣民，那么，这是什么样的臣民呢，要是考虑到一个人的权利与另一个人的权利一样多的话。因为现在由于正义的法律没有一个人是骑在自己兄弟头上的征服者了。

您说：我们应该成为执政者的臣民。这是对的，但是不能达到使执政者认为土地是他们自己的而不是我们的那种地步，因为他们这样做，就会背叛自己的委托者，走上施行暴政的道路，而我们也就失去了自己的自由，从而产生敌对和战争。

执政者如果管理有方，他应该得到双倍的荣誉，而这是能够做到的，只要他本人是法律的臣民，并且要求所有其他的人也成为法律的臣民；他履行自己的职责是为了要服从法律，而不是服从自己个人的意志。这样的执政者是可靠的，他们一定会成为同我们一样的臣民，因为共和国的一切执政者都是它的公职人员，不是骑在人民头上的领主和国王。但是，您会说，兄弟，难道国家不是您的吗？你要求有一份与另一个人相等的权利，您不会夺去他的权利吗？我将回答：这要看是根据什么法律，是根据造物主的法律，还是根据征服者的法律。如果他是根据造物主的法律把土地叫做自己的而不是叫做我的，那么，土地既是我的同样也是他的，因为创造了我们两人的万物之主对谁都是一视同仁的。

如果他是由于征服而把土地叫做自己的，不是叫做我的，那么，这种情况的产生不是由于国王战胜了老百姓，便是由于老百姓战胜了国王。

如果他是由于国王的征服而宣布自己对土地拥有权利，那么，现在国王已经被推翻、被抛弃了，这些权利也就应该被废除。

如果他是由于老百姓战胜了国王而宣布自己对土地拥有权利，那么，我就与我的兄弟有同样的土地权，因为我的任何一个兄弟没有我就不能把国王赶走，我没有我的兄弟也不能把国王赶走。我们两人合在一起，用自己的力量和金钱互相帮助，就获得了胜利。由于这一胜利，我对土地就有同我的兄弟一样的权利，因为现在土地已根据正义的法律被赎回来了。

如果我的兄弟到现在还一口咬定，他是地主（由于自己的贪婪的自私心），而我应该向他交租，不然我就不能在世上生活，这样一来，他就剥夺了我用付税、提供士兵的宿营地和流出自己鲜血的代价才获得的权利。啊，你这个称为正义之王和和平之君的万物之主，请你充当我的兄弟和我之间的仲裁人吧，裁决一下现在这类做法是否公正吧。

人民说，现在我们这些要用一切正当和不正当的手段成为地主的兄弟，将要制定法律，并且力求颁布法律，把不信上帝、基督和《圣经》的一切人投入监狱，加以迫害甚至处死，这难道不是令人伤心的事吗？同时，他们也绝不会遵循下面这条被上帝、基督和《圣经》定为法律的宝贵教条：像你希望别人对待你那样对待别人。难道根据出自这些人自己之口的法律，他们不该被处死吗？这不是直接违背上帝和《圣经》吗？

啊，多么严重的谬误和多么浓厚的黑暗包围了我们的兄弟。我没有力量驱散它，但是我的内心深处为它哭泣。当我看到人们只是为了做做样子而祈祷、说教、斋戒和感恩祈祷时，当我去寻找服从正义法律的表现（表达信仰时应有这种表现）时，我仿佛遇见了另一个国家的人,他们只说不做,就像口称“你的奴仆”而实际上却是你的敌人的旧宫廷大臣一样。我不再说别的什么话,但是要发发牢骚,并且等待这些现象得到纠正。

由此可见,先生,我已列举了一些压得人民发出呻吟的沉重负担。

我在看到和听到这一切之后,就决定把这个共和管理制度的纲领提交给您。我在这个纲领中所宣布的共和国的充分自由,是符合正义的规则亦即上帝的话的。两年多以前,我就准备把这个提纲送给您审查,但是那一时期的混乱情况使我把它搁到一边,放弃了在某个时候把它公之于世的想法。我还听说彼得斯先生和其他一些人曾经发表意见,认为应该倾听上帝的话,在上帝的话当中寻找能够根治一切邪恶的管理方式。我很喜欢这种说法,并且在等待这种管理制度的形成,因为《圣经》中就有很多好的教条,问题只在于遵循和执行它们。因此,我悄悄地把它搁在一旁,并且说我不预备把它公布了。但是,我的脑子里有时像火焰一样闪烁着下面这句话:你不应该埋没自己的才能,因此我决定把这一工作重新拣起来,把我能够找到的几篇分散的文章收集在一起,编进现在呈献给您的这本集子里,以便使自己的精神得到安慰。

现在,我把灯放在您的门前,因为您握有权力利用这个新的有利机会来为普遍的自由效劳,如果您愿意的话。我没有这种权力。

这本集子里有些东西可能是您不喜欢的,有些也可能是您喜欢的。因此,我请您把它读完,像勤劳的蜜蜂一样,吸取蜜而抛掉无用的东西。

虽然这个纲领很像一块粗糙的木头,但是灵巧的工人会拿它来盖成一幢漂亮的房屋。

这个纲领像一个走到您门口的穿着破旧农民服装的不懂文质彬彬的城里人的仪态和举止的穷人。请您不要听信花言巧语吧，因为您可能以为这种言语背后有着什么好东西。您可能会说：如果取消了僧侣和征税者[51]所收的什一税，废除了领主征收的公簿持有农的贡赋，他们以后将怎样生活呢。因为剥夺他们的财产是不公正的。

我回答说：最先征收什一税的时候，领主的权力就压弯了被压迫者的腰，虽然人民生活在沉重的奴役下，生活在贫困之中，国王和征服者仍旧毫无良心地横征暴敛，现在，当必须把这些被窃据这样久的财物归还原主时，良心的责备是否适当呢？这些怀疑不是由正义的法律产生的而是由贪婪心理产生的。这种心理一听说自己应该放弃一切，以便朝着正义与和平的道路前进，便陷入悲观绝望之中。

即使您废除了什一税和领主的权力，他们还是不会贫困的，因为他们享有使用公共储备的自由。他们可以到仓库里去领取自己所需要的东西，并且比现在生活得更自由，因为他们现在还要照顾奴仆，为了他们的种种事情而生气，在买卖时被人欺骗，并且遇到很多别的困难。而那时，他们将摆脱这一切，因为公共仓库是一切人的财产，而不是个别人的财产。

难道买卖不是正义的法律吗？

不是，这是征服者的法律，而不是造物主的正义的法律。欺骗怎么能够变成正义呢？一个人有一匹劣马或一头不好的牛，或有某一种不适用的商品，他就把它送到市场上去，欺骗这个或那个没有心眼的人，回家以后，就嘲笑自己的邻人受到了损失（而且还有比这种损失更糟的事）——难道人们一般不都是这样干的吗？人类开始买卖之后，就失去了自己的天真和纯洁，因为这时人们开始用自己的仿佛是天赋的权利互相压迫和愚弄。

举个例子来说，比方土地属于三个人所有，其中两个人买卖土地，第三人不同意这样做，于是他的权利被剥夺了，而他的后代便卷入了战争。

当土地最初开始买卖的时候，有很多人是不同意的。在我们的王室土地和主教土地出卖了以后，一些愚昧的士兵把自己的一份土地让了出去，而贪婪的军官就利用这一点骑在自己兄弟的头上。许多为了得到土地而付过税和提供过士兵的宿营地的人并不同意这样做，而是把这件事当作剥夺他们后代的天赋权利和自由的不正义行为来加以反对。

因此，这种买卖过去带来并且现在仍然带来纠纷和战争，人类已经吃足了买卖的苦头。当欺骗性的买卖思想没有同国王权力的残余一起肃清的时候，世界各国的人民永远不能学会把剑铸成犁，把矛铸成修剪花木的剪刀，永远也不会停止打仗。

但是，难道一个人不可以比另一个人更富有吗？完全没有这种必要，因为财富使人追逐虚荣，压迫自己的兄弟，而且还能成为战争的导火线。

任何一个人，要是不依靠自己双手的劳动或者靠别人的劳动的帮助，就不能成为富人。如果一个人没有得到自己邻人的帮助，他永远也不能在一年之内积存价值几百、几千的财产。如果另外一个人帮助他做工，那么，这些财富应该既是他的，又是他的邻人的，因为这些财富既是他自己的劳动果实，又是另一个人的劳动果实。

但是，一切富人都过着富足的生活，吃饭穿衣都靠别人的劳动，而不靠自己的劳动。这是他们的耻辱，不是他们的高尚行为。因为舍施比接受更有福。但是，有钱人从农人手中得到一切，而他们所拿出来的东西，却是别人的劳动果实，不是他们自己的劳动果实。因此，他们是世界上不公正的活动家。

难道任何一个人都不可以比其他人获得更高的光荣称号吗？

是的，因为人是要在事业上步步晋升的，他逐渐获得荣誉头衔，一直到取得最高称号——议会中的忠实共和主义者。同样地，谁发现了某种自然秘密，他将获得荣誉称号，即使他是一个青年。但是，除非由于自己的劳动或年龄，或者是服务年限，谁也不能得到荣誉的称号。凡是六十岁以上的人，都会受到每个比他年轻的人的尊敬。这一点下面将要谈到。

是否每个人都要把自己邻居的房屋看成自己的房屋，大家都像一家人似的住在一起呢？

不是的，虽然土地和仓库是所有家庭共有的，但是每个家庭将单独生活，就像现在一样。每个人的房屋，他的妻子、儿女、屋子里的家具，他从仓库领取的或者是为了自己家庭的需要而弄来的一切东西，都是他的家庭用来过和平生活的财产。如果一个人不得到别人的同意就想带走别人的妻子、儿女，拿走别人的家具，或者破坏别人住宅的安宁，他就要被当作共和管理制度的敌人而受到惩罚，就像我的提纲中所谈到的那样。

难道我们不能再有法学家吗？

不再需要法学家了,因为不再有买卖。也不需要对法律进行解释了,因为法律的简明的文字将既是法官又是法学家,足以监督每个人的行为。应当注意到,我们议会每年都要开会,来为人们可能作出的每一种行为定出规则。

但是,在每一个教区,每年将要选举公职人员,来监督法律是否按照法律的条文执行,所以无需像国王政府统治时代那样花费许多力气去审查人们遭到欺凌的事件。在国王政府统治下,把钱交给法学家就可以奴役老百姓,要他们服从作为征服者的特权的法律或他的意志。纠纷之子西蒙和利未[52]不应该掌握自由共和国的政权。

乍一看来,您也许觉得这种管理制度是稀奇古怪的。但是,我请您在没有亲身体会之前,对任何事物都不要轻下断语。把这个共和管理制度的纲领放在天平的一边,把君主制或国王政府放在天平的另一边,看看真正的自由与和平的真正重量究竟在哪一边。一个人要么应该是自由和真正的共和主义者,要么是君主制的拥护者和残暴的保皇党人,在这两者之间是没有中间道路可走的。

如果有人说,这会造成贫困。当然,这种说法是错误的,因为那时付出的劳动和操心比目前在君主制下来得少,而所得到的土地上的一切财富却是十分富足的。贫困的现象将不存在,因为每个人可以像他所希望的那样使自己的家庭过着富足的生活,永远不会借债,因为一切都由公共仓库来供给。

如果您说,某些人将会游手好闲。我回答说,不会的。将来会使懒惰的人变成勤劳的人,做到这一点的办法,我在纲领中已经谈到了。既不会有乞丐,也不会有寄生虫。

如果您说，这会使人发生争吵和冲突，我回答说：这会化剑成犁，在世界上建立和平，使各国人民之间再也不会发生战争。实际上，国王的统治是战争的温床，因为被抛入贫困的魔爪中的人们不得不为自由而斗争，不得不夺取别人的财产和力求取得统治权。您只要看一看所有的军队，就会发现他们所作所为，无非是使一些人破产，使另一些人发财；给一些人自由，而使另一些人被奴役。这难道不是人类的祸害吗？

我不再探问，对这种共和管理制度还会提出什么样的反对理由。这一切从下面的纲领中都可以找到答案。我写了一本部头相当大的著作，因为有许多的对象要研究，不能缩减它的篇幅。

我不要求也不希望每个人都被迫来试验这种共和管理制度，因为很多人开头在思想上是会敌视它的，虽然他们后来会成为它的最有好感的、最真挚的朋友。

但是，我希望共和国的土地（它是古代村社的土地和荒地）以及胜利的军队不久前从压迫者手中夺来的土地——花园、林地、猎场等，能为一切愿意用自己的劳动或金钱加入其中一份的人所有，也能为一切愿意试验这种管理制度并且愿意服从它的法律的人所有。而其他那些不同意的人，就让他们仍旧去做买卖吧，也就是说，还是让他们受征服者的法律的管理吧，只要他们愿意这样做的话。

我把这份纲领交给您，以此向您致敬，并且表明我将永远是一个共和管理制度、和平与自由的真正崇拜者。

杰腊德·温斯坦莱

1651年11月5日

致友好的没有偏见的读者

读者：

使徒的守则是，先要亲身体验所有的事物，然后奉行其中一件最好的事物。我所提出的管理制度是人间原来的正义与和平的王国，尽管这个王国长期以来被国王的贪婪、狂妄和压迫的假面具掩盖起来。

现在，它已开始复活。不要蔑视它，尽管它目前还很弱小。虽然你一眼还认不出它来，但你只要把门打开，往屋里瞧一瞧，你就会看到那使你的内心充满着宁静的东西。

可是，为了使你不致过分着急，我把整个内容向你简单介绍一下。

第一，你知道，在各个国家中，土地都是通过买卖获得的，因为所有的王法都和土地买卖有关。

下述纲领将向你介绍没有买卖行为的土地管理制度。这种管理制度的法律是一个自由的、和平的共和国的法律。这个共和国将把有辱于自己的一切都一扫而光，因为在正义法律或身为调解人的执政者的整座神山上，没有一株带刺的植物。

每个家庭都将像现在这样单独生活。像现在一样，每个男人都有自己的妻子，每个女人都有自己的丈夫。一切事情都将比现在完善得多。所有的孩子都将受到良好的教育，比现在更加听从父母和长者的话。土地将被垦植，打下的粮食将由每家合力送进仓库，因为仓库的财产将成为每家的共同储备。全国将再不会有寄生虫，也不会有乞丐。

可是，鉴于还有可能因为愚昧无知而做出犯法的事，为此将增订一项法律。

如果有人以下面的行为侮辱了自己的邻居：对他说了一些刺激性的话，或者是打了他，或者是侮辱了他的妻子或孩子，或者是毁坏了他的住宅或屋内的家具；如果有人想靠他人劳动过游手好闲的生活，就有法律对他进行严厉的制裁，就会有公职人员为了国内每个家庭的安宁而根据共和管理制度的一定办法，来监督这些法律的执行情况。

这种共和管理制度把全国所有的居民联合成为一条心和一个思想。正是这种管理制度使摩西把亚伯拉罕的后裔叫做以色列家族，尽管当时那里有许多民族和家族。因此可以说，那里的土地管理制度是普遍正义的法律，那里的人民是幸福的人民。

当以色列实行共和管理制度的时候，它对压迫世界各个民族的国王构成了一种威胁。如果这条正义的法律成为我们的统治者，英国也会变成这样。但是，当以色列的管理者变得贪婪而傲慢起来的时候，他们就造成了分裂，或者像以赛亚所说，人民的统治者把人民引入迷途，于是管理制度就改变了性质，落到国王手里，正如其他国家所发生的那样。于是，他们遇见敌人就望风而逃，而且人心也变得涣散起来。

国王的统治是文牍员和法利赛人*的统治，只要能够成为土

---

* 古犹太的一个宗教政治派别，曾反对早期基督教团体，因而法利赛人在《新约》里被贬为伪善者。——译者注

地和自己兄弟的主宰，这些人是不管什么自由不自由的。但共和管理制度是一视同仁的正义和和平的管理制度。

因此，读者，这就是对你的真诚的一种考验：你要是走这条我所指出的道路，你在弟兄中间就既不需要衣食，也不需要自由。现在就看你能不能满意，就像《圣经》上所说的，“你有吃有穿，就要心满意足，不要妨碍你的弟兄也能享有你所享有的一切。”

你为不为自由祈祷，为不为自由斋戒，为不为自由而对上帝感恩呢？你要知道，上帝凌驾于各个派别之上，因此，你如果要祈祷，就要为所有的人的自由而祈祷；你如果要感恩，那是因为自由将永存于全体人民之中，因为这将有助于持久和平。

谁都会说，他为自己的祖国而斗争，他所做的一切都是为了祖国的幸福。好了，现在就请你来证明一下，你是为自己的土地的自由而斗争的。但是，假如当你握有在你的土地上实现自由的权力的时候，你却不这样做，而把土地攫为己有，强迫你的弟兄为你做工，正像国王所做的那样，那就是说，你进行斗争和活动是为了自己，而不是为了你的国家，这样也就会暴露出你的隐蔽的伪善。

但是，你同时要看到，普遍的自由，亦即我想实现而不是加以解释的那种管理制度，对你来说，只是一个借口罢了，而你真正的意图无非是你个人的自由。醒悟过来吧，不然，一旦这个消息像流水注入大海一样传遍人间，你就会当场出丑。匆此，再会。

杰·温

第一章

当前人们的一切强烈的渴望,都在于要探讨什么是真正的自由,以便使英吉利共和国能在世界上建立起来。

有人说,真正的自由就是贸易自由,一切执照、许可证和限制都应取消。但这是征服者的权力下的一种自由。

又有人说,真正的自由对牧师来说就是有传教的自由,对人民来说就是有权愿听谁传道就听谁传道,不受限制,也不被迫一定要做某一种礼拜的自由。但这种自由是含混不清的。

还有人说,真正的自由就是有机会同所有女人交往,无限制地满足她们的欲望和贪婪,但这是破坏性的、无法无天的、没有理智的兽类的自由。

还有人说,真正的自由就是要兄长成为地主,弟弟成为奴仆。但这不过是自由的一半,它会引起愤慨、战争和纠纷。

所有这些以及诸如此类的事情,都是自由,但是这些自由导致奴役,而不是真正的自由,即赖以在世界上建立共和国的基础。

真正的共和国的自由就是使用土地的自由

真正的自由存在于人们得到食物和生活资料的地方,这也就是使用土地。因为人是由造物的四大原素——火、水、土和空气组成的,他的生命也是靠这四大原素构成的物体即土地的果实来维持的。缺乏这种果实,他就不能生存。你不让他自由享用这些东西,他就会虚弱下去,精神就会受到奴役,最后离开躯体,不再成为身体的动力。

人之所以进行劳动，正像所罗门所说，归根到底就是为了能够自由利用土地及其果实(《传道书》第二章，第二十四节)。

牧师难道不是为了占有土地而传教吗？法学家不是为了占有土地而进行诉讼吗？士兵难道不是为了土地而打仗吗？地主难道不是为了能够仗着大量土地靠自己的佃农的劳动过活而收租吗？

总之，从拦路强盗到坐在宝座上的国王为止，所有的人难道不都是力图用武力或者用阴谋诡计互相掠夺土地吗？因为他们看到，富裕就是自由，贫困就是受人奴役。

当然，压迫者——领主、苛刻的地主、什一税的收税人，可以根据同样的理由说，他们的弟兄如果不交租，就不能呼吸空气，既不能暖和暖和自己的身体，也不能得到落在他们身上的倾盆大雨的水分。这也就等于说，他们的弟兄要种地，要享受土地的果实，就要向他们租得使用土地的自由；谁要攫取限制自己弟兄享受一大原素的自由的权利，他就会以同样的理由来限制自己的弟兄享用全部四大原素即火、水、土和空气的自由。

对人来说，即使没有身体也比没有食物来得好。因此，一些弟兄夺走另一些弟兄的土地的现象，就是压迫和奴役，而自由利用土地就是真正的自由。

现在，我来谈谈压迫者和被压迫者之间的关系。我在这里不来分析内在的奴役，虽然我相信，如果对这种奴役进行适当的探讨，就会看出对理智的奴役，也就是贪婪、傲慢、伪善、嫉妒、苦痛、恐惧、绝望和愚蠢，这一切都是由一部分人对另一部分人的外在奴役所造成的。

总之,长期的自然经验证明,真正的自由就是自由使用土地。

我们如果看看《旧约》,就会看到以色列征服了各国,并占领了敌人的土地以后,用抽签的办法把这些土地分给它的支派,认为使用土地是他们最大的自由。

在他们战争的初期,他们先派探子前去侦察迦南地(《民数记》第十三章,第二十三—三十三节),因为使用这块土地是他们力求夺得的那种自由,因为他们长期住在寸草不生的沙漠,看到自己的后代的人口过多,很想有块能够定居的土地(《申命记》第一章,第二十八节)。

当探子回来,把迦南地的果实拿给他们看,说明这块土地十分富饶的时候,他们就充满了勇气,急着想到那块地方去;而当他们听到那块土地贫瘠的消息时,就灰心丧气,失掉了勇气。

当勇敢、英明和高瞻远瞩的精神征服了这些巨人,并把迦南地交给以色列家族的时候,以色列军队的统帅和高级官员自己没有瓜分这块土地,这些明智的人立即用抽签的办法把土地分给了所有的支派,每一支派分到一块,毫无例外。

当以色列同锡安国王进行谈判,要后者允许他们假道他的国家的时候,后者不但没有同意,反而集合了自己的人民同以色列作战,结果上帝把锡安给了以色列,以色列就占领了锡安的土地。

由此我们看到,《圣经》的证据也证明,每个人正是把土地看作自己的自由的。

如果我们看一看国王和征服者的习俗,我们就会看到,自从摩西十诫问世以后,他们就是把自由使用土地看作自己的自由。

当诺曼人威廉公爵征服英国的时候,他利用自己占有的土地来实现自己的自由，把我们英国的土地随便交给他的朋友，把被俘虏的英国人变成了奴仆，来为他和他的朋友种地。

从他起到国王查理为止，所有的国王都继承了这种征服；所有的法令都是为了把这种征服固定下来。

只要读一读他的古老法典就会看出，他允许被征服的英国人干一天工作得到三四个便士，以便从监工那里买点面包，但土地的自由则牢牢地掌握在他们，即他的朋友的手里。

但是，不管是国王也好，不管是旧乡绅也好，也不管是和旧乡绅一模一样的新乡绅也好，都是诺曼人胜利的继承人。

难道诺曼人和他们的政府没有被英国的老百姓打败吗？那么，为什么我们没有从这种压迫和统治下重新得到使用自己土地的自由呢？

其次，诺曼的征服者发布了一道管理英国土地的法令，并建立了两个全国机构，来监督这些法令的执行。

第一个机构是法学家，他们只管支配土地，以及管理根据征服者及其集团发布的法令来处理土地案件的所有法庭、裁判所和诉讼。

第二个机构是国家僧侣。他们的任务是要人民群众让征服者威廉一人安安稳稳地占有土地，管理土地，把土地叫做自己的土地，而不是人民的土地，并且要人民不起来反对他。

僧侣有义务向人民宣传，如果他们承认诺曼公爵威廉和他的继承人是主宰、国王和执政者，并且服从他的统治的话，他们就会升入天堂、即过和平的生活，就会安安稳稳地使用他们租来的土地，享用自己的房屋和自己的劳动果实。

但是，如果他们不承认他是主宰、国王和执政者，不服从他的统治，他们就会被打入地狱，也就是说，他们就会生病，就会受鞭笞、贫困和死亡的折磨，他们的房屋和财产就会被剥夺，等等。

这真是一个预言式的、应验性的道理：难道我们没有看到，在国王执政的时候，他的法律不是掌握着他们的生死大权吗？谁要落到这个主宰的支配之下，在他未获得解放之前，他就得把一切都交出来，直到他身上的最后一文钱。

为了酬谢他们的传教活动，国王通过法令规定，他们把自己的自由同他的自由并列在一起之后，就将得到土地生产出来的全部庄稼的十分之一（《撒母耳记上》第八章，第十五节）。对于他们通过被奴役的人们的劳动所获得的土地来说，这点仍然是一种惯例。

可是，随着时间的推移，这些国家僧侣在人民面前暴露出不过是别人的仆从罢了，而且随着人民知识的增进，人民越来越清楚地看出他们的虚伪——现在的情形还是这样。这时，这些僧侣即古代法利赛人的后裔，就开始预言并用神圣的外衣以及他们所谓的“精神”学说来欺骗人民，而这种学说，除了他们自己而外，是别人难以理解的。他们要人民相信或者想象，真正的自由就是听他们传教，在于享受他们所说的每个信奉他们教义的人死后将进入的天堂的乐趣。由此可见，他们在向我们宣传死后的天堂和地狱，但是不管他们还是我们，都不知道以后会发生什么事情，因为对这件事情全世界都不知道，正像所罗门所说：“谁能告诉他身后遇到什么事”（《传道书》第三章，第二十二节；第六章，第十一节）。

他们宣扬布满监牢、皮鞭和绞架的过去地狱的惨象，是为了使人民服从国王。但是，他们宣扬这种预言性的死后地狱，是为了使国王和人民都对僧侣产生恐惧的心理，以便使自己继续从什一税以及不久前新增加的补助金中得到收入。这样，他们既欺骗了国王，也欺骗了人民，从而就成了主宰一切的上帝。这个精心编造出来的预言精神，是《圣经》中那个坐在湖海旁边的淫妇，是亚扪人拿辖[53]。这个拿辖在以色列不同意让所有的人挖掉右眼，而用他的眼睛来看东西以前，是不愿意同以色列立约的（《撒母耳记上》第十一章，第二节）。

既然人民把僧侣称之为真理的东西也叫做真理，相信僧侣所宣扬的东西，而且让僧侣来保护自己的眼睛和知识，这也就像拿辖所作所为一样。换言之，他们挖掉人民的眼睛，要人民用他们的眼睛来看东西，这样就万事大吉；并且他们要人民相信自己会进天堂。但是，如果人民的眼睛开始看到东西，竭力在自己的心灵中打开视觉的源泉，对牧师的教义发生怀疑，像心眼机灵的弗玛一样，不再相信任何没有根据的话，那时，牧师就会攻击这个人或这些人，不同他们订立和约，直到他们同意让人挖掉自己的右眼，亦即使自己的脑子糊涂得完全相信他们所宣传的一切教义，永远不提任何问题，而且说教义不应该由理智来检验为止。不，如果教义被检验，不平等的秘密就会被揭穿，他们也就会失去自己的什一税。

因此，英吉利和苏格兰的国家僧侣，这些收什一税的牧师和头脑糊里糊涂的人们的主人，为什么这样固执地拥护自己的主人——国王和他的压迫人民的君主政府，这就一点也用不着奇怪了。他们说，“假如人民不应当为我们做工，不向我们缴纳什一税，我们就要像人民那样自己为自己做工，我们也就会失去自己的自由。”是的，但这是埃及监工的叫嚣，这些人就是把别人的自由看作自己的被奴役。

总之，土地的使用如果能够做到每个人都有自己的一块地，像我提出的纲领中所规定的那样，共和国的和平就有了保证，人们就不用像僧侣等人那样，为了谋生而表现得如此虚伪。但是，如果有些人有很多领地，另一些人——他们为了争得自由，所做的工作只有比前者多，不会比前者少——却一无所有，沦为自己弟兄的奴隶，这时就会引起公愤。

以色列共和国的光荣就是它国内没有乞丐

你们从《圣经》上知道，当他们征服迦南人，用血汗并通过以色列所有支派的共同努力占领了迦南人的土地以后，军事首领和人民领袖并没有把土地卖给残余的敌人，也没有相互买卖土地，也没有用欺骗的办法对人民再进行压迫；在战争没有结束以前，他们不允许分配土地，在远征没有结束以前，所有的支派都坚决地相互支持。

当他们发现，自己征服了敌人的心并且成了胜利者的时候，就安安稳稳地占有了土地，把它当作对他们所冒的一切危险和付出的一切劳动的自由奖赏。

军事首领和领袖认真履行了自己对人民所作的诺言和保证，没有失信，他们没有利用共和国的土地来发财致富，没有使其他人流出的血汗、提供的宿营地和缴纳的贡赋付诸东流。

他们拟了一个清单，把依靠所有支派的人力和财力获得的全部王室土地和全部夺回的土地都列了进去。《圣经》上说，他们把这些土地变成了整个以色列共和国的生活资料的共同宝库，并且按照下面的办法来分配这些土地：每个支派，每个支派中的每一族，甚至每一族的每个男人都有一份土地；每个人都有足够的一切，谁也不会陷于贫困，因此他们中间便没有乞讨的现象。

他们不仅把土地分给每个曾经参战的人，而且也分给留在家里的人同样一份土地，他们没有使一个弟兄成为领主和地主，而使另一些弟兄成为这些人的奴仆。鉴于打败敌人不仅仅是谋士们和军事首领们的功劳，而且也是普通士兵的功劳，不仅仅是兵士们的功劳，而且还是留在家里供应粮食和提供宿营地的农民的功劳，因此，谋士们和军事首领就商定分给每个出钱支援战争的人一块份地，这是最大的公道。

在支派中，他们分给家庭多的宗族的土地多些，家庭少的少些。因此，不仅是整个支派，就是支派中的每个宗族，每个男子，不管是弟弟，还是哥哥，不管是在家中耕种土地以供应食物的，还是去参战的，都有足够的土地。他们中间既没有贫困，也没有压迫，更没有乞讨的现象。一切压迫都被铲除了，以色列在各支派和各宗族中建立了共和国，不管是在权力方面还是在名义方面都可以这样说（《撒母耳记上》第三十章，第二十四节；《约书亚记》第十六、十七、十八章）。

土地就这样分了，全部土地都成为共有的财产，每个人都在土地上享有兄弟般的自由，因为一个人的自由也就是另一个人的自由。人们之间没有差别，因为他们是忠诚的、具有国家智慧的男子，而不是心灵上的伪善者。

同样地，当以斯帖向亚哈随鲁王央求自由的时候，她并不是谋求自身的自由和利益，而是谋求自己所有亲戚和朋友的自由，因为正义的人总是为共同的自由而斗争的。

我只想指出下面一点:如果那些想在英吉利、苏格兰和爱尔兰建立《福音书》上所说的共和国的人,不仅不比摩西差,还能超过摩西,而且能够认识到我们英国的共和政府将实现完全自由,那么,这个制度就会从英国普及到世界上所有的民族!

我拿以色列共和国为例,以上帝的话为证,已经奠定了纲领的基础。下面我再来谈谈为了实现共和国的和平,应该怎样来管理土地。为避免错误起见,我要提出

对错误意见的简短的警告

有些人一听到普遍自由就认为,全部土地的果实都应该公有,而不管自己做工还是不做工,因此他们就想依靠他人的劳动来过游手好闲的生活。

还有一些人也是出于同样的牲畜般的极端无知,认为所有的丈夫和妻子都应该公有,因此他们就想过牲畜般的生活方式。

另外有一些人以为,不会再有法律了,而且由于没有政府,一切都会混乱不堪,但本纲领将会证明相反的情况。

正因为由于无知和一时的糊涂想法可能而且一定会发生违法的行为,所以才补充以法律。

我认为,称为公有的真正正义就是把土地从领主和地主的种种王权的奴役下解放出来;这些人是征服行为的产物,就像仗着孔武有力就在大路上抢劫正直过客的钱财的那些强盗一样。

就是说,无论是土地,还是土地的果实,居民之间都不能进行买卖,因为这是征服者——国王——带来的奴隶制度:他们在银块

上刻着自己的标记,人们都要以他的名义进行买卖。

即使现在仍有这样的情形,人们也不会游手好闲,因为每个家庭将会根据下面顺次谈到的情况,耕种土地,收割庄稼,把果实送到粮囤和仓库里去。

每个人都将受到教育,都要学习手艺和各种农业劳动。为了共和国的富强,各行各业都将保存下来,并且比现在在国王统治下得到大得多的改进。

每个手艺人都将从公共仓库领到材料——皮、毛、麻、谷物等等物品,进行加工,不用买卖任何东西。当各种操作都完成以后,手艺人就像现在这样把衣服、鞋帽等等送到专门的商店里去,但并无买卖的手续。每家需要这些物品而自己又不能生产,于是就到这些商店里去,在那里不用花钱就可以得到这些东西,同现在用钱买到这些东西完全一样。对于这一点,下面还将依次加以说明。

假如有人说,这样会使人游手好闲,那么我将回答,这个纲领会证明,情况恰恰相反,因为寄生虫和乞丐将会被迫进行劳动。

假如有人说,这会使有些人根据土地和土地的果实是公有财富这一理由而强行剥夺另一些人的财产,攫为己有,那么,我就将回答说,下列法令和条例会消除这种误解。因为,虽然仓库和公共商店会依靠各个家庭的共同努力而得到充实,并且为每个家庭的利益服务,就像下面将要谈到的那样,但是每个人的住宅和其中的一切设备还是他的私有财产,他从仓库中领到的东西也只属于他个人所有。每个男人的妻子和每个女人的丈夫,都只属于他们自己,他们的孩子在长大成人以前也是受他们支配的。

谁想强占他的住宅、设备、粮食、妻子或孩子,说这些东西都是公有的，从而破坏和平的法令，那么，这个人就是破坏分子，将受到政府和下列法令的惩罚。

这是因为，虽然公共仓库是公有的宝库，每个人的私人住宅却并不是公有财产（除非他同意变为公有财产），共和国的法令也应该保护每个人的个人安宁和他的私人住宅，使之不致受到人们中间可能出现的粗暴和无知行为的侵犯。

假如有人丧失理智，借口公有而强奸妇女或对女人有粗暴行为，有关法令就会对这种狂暴的丧失理智的行为进行制裁，因为共和国的法律是卫护温和、勤劳和淳朴风气的法律。

因此，我希望读者能够耐心地读完下面的一切：你在研究共和国管理制度或自由的内容时，把这种制度同国王管理制度或奴隶制度比较一下，看看哪个制度会给国家带来更多的和平，然后再来建立这种制度。

你们或者是使共和制的自由当权，从而使每个人得到和平，这就是正义；或者再度建立君主制。

君主制有两种：一种是由国王一人进行统治，另一种是许多人利用君主制的原则进行统治。由于国王政权是建立在法律上而不是建立在名义上，因此，不管是国王个人进行统治也好，还是许多人利用君主制的原则进行统治也好，被压迫的人民可能会而且一定会在一切适当的时机表现抱怨、不满、义愤和纷争。

但是，如果普遍自由能够建立起来，使被压迫者感到满意，这就会防止抱怨和纷争，这就会巩固人间的普遍和平。

因此，当政权掌握在那些当着世人的面前比压迫者——国王——更真诚地承认上帝正义的人们手里时，他们无疑地会用言行来证实自己对诺言的忠实以及自己的英明。

但是,假如他们只是口头上宣扬具有比国王政府更大的正义和自由,但不能找到使人民感到满意的管理形式,而且还承认过去的国王法律,只不过把它改头换面装饰一番,那么,我就让每个有理智的人在内心里宣布这种宣言和这种人应当得到的判决。而现在,我还是继续来谈谈为了共和国内的和平应该怎样来管理土地吧。

第　二　章

管理的一般概念

所谓管理就是:对土地建立英明的自由的制度,使人们习惯于遵守有关法令或规定,以便让全体居民都能在自己出生和受教育的国家中和睦地生活在幸福和自由之中。

国家的管理制度包括三个组成部分:法律、胜任的公职人员,以及对这些法律的认真的执行。

第一,对每件事情和人们的几乎所有的行为,都应该规定适当的法律,因为一项法令不能适用于一年四季,而一年的每一季和人们的每一行为都应该有自己的特殊的法令,来规定维持一定的秩序。例如,有耕种的季节,就要有解释得很正确的法律来调整这一工作;有收割的季节,就应该有要求按时进行收割的法律。

可见,真正的管理就是正确调整一切活动,使每一种行为或事物都保持适当的分量和尺度,这样就可以防止发生混乱,正如所罗门所说：一切事物都有自己的时间——提出诺言和提出保证的时间，监督这些诺言和保证实现的时间；战时的适当秩序，和平时期的适当秩序；每个季节和时间都有自己的法律或适当的规定，这样就会建立健全的政府，因为它会适当地维持和平。

第二，应当有胜任的公职人员。他们要非常温和、明智，没有自私心，能把国家制定的法令当作自己的意志去执行，而不会由于傲慢和虚荣心而把自己的意志置于自由的条例之上，要求自己享有特权。

制定出来的法律如果得到正确的执行，管理制度就会是健全的；但是，如果公职人员把自己的意志置于法律之上，管理制度就会染上不治之症。

第三，应该认真执行这些法律。政府的真正生命就在于此。因为要在管理方面建立真正的秩序，即不能只是服从公职人员的意志而不管法律，也不能只是服从法律而不管公职人员，也不是只服从这两者而不管执行情况，而当这三者协调起来的时候，管理制度才是健全的。这三者缺少一个，管理制度就会显得无力。

有两种管理制度：国王管理制度和共和管理制度。

什么是国王管理制度或君主制度

国王政府通过买卖的欺骗手段来管理土地，从而制造争端；它反对每个人，每个人也都反对它。巴比伦是实行这个制度实行得最好的城市，但是在这里它也是一个无力的制度；在这里，到处是一片混乱，如果不是依靠棍棒法律，就不会有什么秩序，因为这种制度就是奴役被征服的人民的征服者的贪婪而高傲的意志。

国王政府把镰刀和犁都铸成打仗用的矛、枪、剑和大炮，以便把按照天赋权利应当属于自己兄弟的东西攫为己有，说土地是自己的，而不是自己兄弟的，如果他的兄弟不同意租他的土地，使他能够依靠自己兄弟的劳动来过养尊处优的生活的话。

的确，这种政府完全可以叫做拦路强盗的政府，因为它依靠暴力掠夺了自己兄弟的土地，并依恃暴力继续霸占这些土地。它使人民流了鲜血，但不是为了把人民从压迫下解放出来，而是为了使征服者可以成为骑在被压迫人民头上的国王和统治者。

这种君主政府对国王即征服者唯命是从，国王则豢养了领主、敲诈勒索的地主、征收什一税的僧侣、贪婪的法学家，以及一帮为他们服务的名为监督者的芝麻绿豆官；这些监督者压迫人民，使人民不能致富和取得实力，不能推翻国王，也不能迫使国王分给他们土地，归还他们被国王政府从各国人民手里夺去的天赋权利。国王是头号罪人，他现在出头露面，坐在神庙里，统治着带有神的名字的一切东西，用暴力和欺骗的办法来剥夺人民的自由（《出埃及记》第一章，第八节；《帖撒罗尼迦后书》第二章，第八、九节）。

正是这个国王政府把哥哥变成了人间的自由人，在弟弟尚未因破坏法律而丧失自由以前就把他们变成奴隶。

的确，国王政府在弟兄们还在娘胎里没有做出好事或坏事以前，就把其中一个变成了领主，而把另一个变成了奴仆。这是一个在弟兄们出生到老死（或者说永恒地）期间选用和抛弃弟兄的强有力的统治者。

它自称造物主，因为它强迫一个弟兄向另一个弟兄支付使用水、土地和空气的租金，不然它就可以利用自己的法律和法学家，把他变成乞丐，而且还要别人认为它的行为是合乎正义的。

尽管《圣经》上说，造物主（上帝）对所有的人一视同仁，但国王政权完全是看人行事，袒护富人和傲慢不逊的人，从而就否定了《圣经》和真正公正的上帝。虽然它也祷告，也在传播《圣经》，也戒斋，也做礼拜，但为的是用虚伪的手法把压迫的现象掩盖起来，有意使人民看不到它。这样，他就暴露出自己是基督的大敌，是不正义的秘密，是在信奉基督的幌子下反对基督及其圣徒的武士。

国王管理制度的伟大立法者，就是统治着人类心灵的贪婪；它促使一个弟兄力求完全占有土地，控制另一个弟兄；他用奴役或是打死自己弟兄的办法得到土地。杀死亚伯的该隐因此被称为红色巨龙、世上的主宰、压迫者；所有的创造物都长期呻吟在他的权力之下，期待着解放。

国王管理制度之所以产生，有两个原因：第一，由于狡猾的政策，使人民离开普遍自由的道路，走上普遍受奴役的道路；因为只要土地还是所有人的公有宝库，贪婪的国王就不能以国王的身份统治一切。因此，国王的第一个步骤就是强迫人们相互买卖土地及其果实，因为这样就可以制造不满和混乱。

君主制的邪恶精神把人民引上买卖的道路以后，人们就开始相互挑衅，这时就产生了可以进行统治的有利条件。

一个具有国王精神的人就向互相争吵的人说："好了，我来给你们调解，把秩序建立起来。"然后，他就通过法律把买卖整顿了一下，使人民轻松了一段时间，但是那个善于耍权术的狡猾之徒却因此取得了权力，成为世上的国王。

过了一个时期以后，人民由于无知经常发生诉讼，一个人控告另一个人，不断争吵和打架。这时，那个狡猾之徒就对受压迫的人说："你们都跟我来，支持我，我们一起去反对那些侮辱你们的人；如果我们能够打败他们，我们就可以随心所欲地支配他们的土地，他们就成为我们的奴仆，我们就强迫他们为我们做工。"

这时，有些人追随一个首领，另一些人追随另一个首领，于是世界上就发生了战争，人类就开始打仗。一部分人得胜，就去奴役另一部分人。这样，人就失去了天真无邪的状态、普遍自由的精神、爱情和和平，而陷于互相敌对的状态中；每个人都想力求成为别人的国王；每个人都想成为地主，把自己的弟兄变成奴仆，为自己做工。

但是，由于直到现在还是一团混乱，因此，愚昧的狡猾之徒还在往前走，并且对人民说："你们应该选一个人做你们的国王，让他制定法律来强迫每个人都服从他。"当人民同意这样做的时候，他们就放弃了自己的自由，接受了加在自己身上的压迫。

王权就是这样产生的。先是通过一定的政策，使人民不再共同使用土地，并把他们拖进买卖的狡猾的勾当里去，然后，在买卖行为使人民发生纠纷以后，就依靠刀剑登上了王座。

可见，君主制的精神就是使人类的心灵充满敌意、无知、傲慢、虚荣心的狡猾而贪婪的精神，因为在这种制度下，强者使弱者遭到破产；《圣经》有一处地方把这种政权叫做"野兽的王国和管理"，另一处地方把它叫做"尘世的上帝或魔鬼"。因为君主制的精神确实是黑暗势力，因为它是一大片乌云，遮住了正义的阳光，长期使正义的太阳不能普照大地。

虽然这一国王的精神为了诱使纯朴的弟弟们去做买卖而把买

卖称为正义的事业，但是当它认为需要的时候，就用执照、许可证和垄断来破坏这一事业。

它甚至可以任意占有自己的兄弟通过贸易得到的财产，从而骑在他们的头上。

它用买卖的狡猾的手腕并凭借武力夺得了王位，它也用同样的办法保持住自己的王位。

而现在，人民认清王权就是压迫，古时的《圣经》作者就把支持这种政权的人叫做压迫者。

这种王权就是应当退位的腐朽的天地，因为在这一天地间到处都是不正义、压迫和分成派别的现象。

事实上，在国王管理制度出现以前，我们从来没有听说人民抱怨过压迫。这种国王管理制度是贪婪和傲慢的政权，撒母耳说它从萌芽时候起就是人民的灾难和祸害。"他必派你们的儿子为他赶车、跟马，奔走在车前，又派他们做千夫长、五十夫长，为他耕种田地，收割庄稼，打造军器和车上的器械，必取你们的女儿为他制造香膏，做饭烤饼，也必取你们最好的田地、葡萄园、橄榄园赐给他的臣仆。"

"你们的粮食和葡萄园所出的，他必取十分之一给他的太监和臣仆"(《撒母耳记上》第八章)。

这也就是命令人民向僧侣缴纳什一税的那个上帝。

国王管理制度还给人民带来了其他许多压迫，关于这一些，你们从《撒母耳记》中都可以看到。

请看一看《撒母耳记上》第八章第十一十九节的诗：

冬天来临，春天被露珠洗净。

暴君和随从的骑士已经离去。

你的日子来到了，人民发现

你是奴隶的儿子，不是天生自由的人。

（《马太福音》第十五章，第十三节[①]）

什么是共和管理制度

在共和管理制度的管理下，土地没有买卖的现象，这一制度从而成为和解人，成为古代和平和自由的恢复者：它为被压迫者、弱者和平民储备粮食，也为富人、聪明人和强者储备粮食。它把刀枪都铸成犁头和镰刀；它把两兄弟——哥哥和弟弟都变成世界上的自由人（《弥迦书》第四章，第三—四节；《以赛亚书》第三十三章，第一节和第六十五章，第十七—二十五节的诗）。

国王、领主、法学家、地主和僧侣给人类带来的一切奴役和压迫，都要再度被这种管理制度所抛弃，只要这种管理制度的权力名副其实地公正的话。

这种管理制度是早已丧失的一切自由的真正恢复者，因此，它会成为各国人民的快乐，成为整个世界的幸福，因为它会消除国王的诅咒，使耶路撒冷成为世上的光荣。因此，你们所有宣扬宗教和教义的人，都来研究一下这个制度，判断一下你们信奉哪种精神，因为你们的传教是要经过考验的。

一旦共和政府登上宝座，无论是暴政还是压迫，都不敢正视它

① 《马太福音》第十五章第十三节讲到：耶稣回答说，“凡栽种的物，若不是我天父栽种的，必要拔出来。”

一眼，都不能再继续存在。因为哪里有兄弟压迫兄弟的现象，哪里就没有共和管理制度，哪里就一直是国王管理制度统治一切，违法行为的秘密就在自己身上披上了和解人的外衣，把骇人听闻的贪婪、傲慢、压迫掩盖起来。

啊，英吉利，英吉利啊！你能不能建立起健全的、没有受到歪曲的管理制度？请你仔细考虑一下，认真观察一下，研究一下，弄清楚国王带来的一切痛苦，并且铲除这些痛苦吧。这样，你的共和管理制度就会抖掉灰尘露出它的真面目，因为直到现在，它都被埋在灰尘下，因而遭到了歪曲。

既然真正的共和自由就是自由使用土地，那么，任何使他们的弟兄失去使用土地的自由的法律或习惯，就应该像废物一样被扔掉。

共和管理制度的基础就是普遍自由的法律，这些法律使哥哥和弟弟都得到生活在世界上的资料，不是使一部分人奴役另一部分人，而是使所有的人都能丰衣足食，都有自由。

因此，下述公职人员、法律和习惯等等，就有可能成为共和管理制度的基础和支柱。

这个管理制度不以个人或一些人的意志为转移，因为它以人类的精神为基础，所以叫做光明或正义与和平之子。在这个人类的称号被掩藏起来的时候，历代的暴君总是利用它来掩饰自己违法行为的虚伪的秘密。假如不拿普遍自由作借口，全国的老百姓就不会听凭自私自利的狡猾之徒的任意摆布。

这种共和管理制度完全可以叫做“古老的事物”，因为它的存在比其他任何像毒蛇一样爬行的压迫人民的政府都来得早。

它像摩西和约瑟在法老王朝一样，是一切压迫的平定者，而随着时间的推移，它将成为创造物早已丧失了的自由的恢复者，成为向大地上的人们传播正义所得到的那种快乐的恢复者。

共和管理制度的大立法者是人类所具有的普遍正义精神，这种精神现在重新树立起来，以便教育每个人对待别人要像他希望别人一视同仁地对待他自己那样。但是，这种精神曾经被国王虚伪的自私自利的精神埋没了。过去许多年来，它都被埋在敌意的粪堆中。

如果现在这种管理制度像我们能够希望的那样重新登台（因为“共和国”这个名称在英国已经为法律所恢复和固定下来了），那么，我们或是我们的后代就会看到它的良好的影响。

首先建立这种共和管理制度的人民会富足起来，从而产生和平和满足，世界上一切民族都会集合起来，奔向那个国家，去看看它的繁荣的景象，了解它的走向繁荣的道路。法律就会从锡安流传开来，就像上帝的话从耶路撒冷流传开来一样，并将统治整个大地（《弥迦书》第一章，第一—二节）。

在我们的正义与和平的上帝的整座神山上，既不会有暴君，也不会有领主、收什一税的牧师、压迫人的法学家、敲骨吸髓的地主，以及任何像带刺的牛蒡一类的人物，因为公正的法律将会成为每个人的守则和全人类行为的准绳。

大卫宁愿当这个神殿或共和管理制度的看门人，也不愿生活在国王的压迫人民的法庭的无道德的袒护之下。

如果谁想按照国王的原则来建立共和管理制度，那么，这两者都会威信扫地，自取灭亡，因为这两种管理制度有天渊之别。假如你们不遵循正确的自由的道路，你们将会而且必然要走回头路，回到埃及的君主制，你们的名字将会因你们可耻地出卖自由而遭到后代的笑骂，同时还会给后代留下恶果。

因此，鉴于英国宣布为自由共和国，并且由法律把这一名称固定下来，我们认为，现在必须完成一项最伟大的任务，也就是在建立共和国政府的同时，提防国王的一切阴谋诡计，使政权能够名副其实，使这个政权下的所有居民能够过和平、富足和自由的生活，不然我们将会表明，我们的政府也和野兽相差无几，或者说，还没有达到应当实行彻底改革的时期(《但以理书》第七章，第二十五节；《启示录》第十二章，第十四节)。

压迫总是促使人民中间的自由精神要求改变管理制度的原因。

当撒母耳的儿子们开始受贿，贪污国库的钱财而自肥，忘了帮助被压迫者的时候，人民曾不得不放弃法官管理制度，希望实行国王管理制度(《撒母耳记上》第八章，第三—四节)。

国王管理制度的压迫又迫使我们的时代希望推翻国王，实行共和管理制度，因为人的世俗精神喜欢自由，憎恨奴役。

由于人类的精神多种多样：有人聪明，有人愚笨；有人懒惰，有人勤勉；有人轻率，有人委靡；有人善良，对人慷慨；有人嫉妒、吝啬；有人对待别人就像他希望别人对他那样；有人只为自己着想，希望自己生活富足起来，不管别人死于贫困——由于这个原因，才补充制定了一项法律。这项法律必须成为人类一切行动的守则和准绳，以保持普遍的和平和自由，就像使徒保罗所写的那样：所以要补充制定法律，是因为一个人对另一个人犯有罪行。

天堂的大门为英国人敞开了，
他们将勇敢地去取得人间的自由。

第　三　章

人类管理制度的最初原则是在世界上什么地方出现的

共同自卫是管理的最初起源。这种自卫是从一个家庭产生的：我们假定，世界上只有一个家庭，像《圣经》上讲的那样，是父亲亚当的一个人口众多的家庭。

在这个家庭里，亚当是世界上第一个统治者或公职人员，因为他是第一个父亲。因此，他在领导上是最英明的，在工作上是最有能力的，做一个主要统治者是最适合的。有一句至理名言就是这样说的："让聪明人去帮助蠢人，让强者去帮助弱者。"（《诗篇》第三十五章，第十节；《罗马人书》第十五章，第一——二节）

有些人可能对我说：亚当没有服从过任何法律，而他的意志对他和他的家族来说，就是法律；因此，从最初产生政府的那些根源来看，显而易见，公职人员除了自己的意志而外，是不服从任何法律的，人民也应当服从这一意志。我回答说：

必需法规定，土地应当为他的家族的共同自保与和平而耕种；这项法律对亚当家说，是真正的守则和法律。这个法律非常清晰地铭记在他家族的心里，以致他们都很温顺地接受他为这样一个目的而提出的任何建议。

因此，不仅是亚当的意志，就是他的家族的意志，以及共同维护和平和自由的法律，都是支配亚当和他的家族的公正的法律。

但是，要知道，国家管理制度的最早表现是由家庭的父亲开始的，因为孩子们对进行自我保护需要经验，因此有经验的人就应当把管理制度的法律传授给他们。因此，从亚当起直到现在，共同的自我保护的法律仍是真正管理制度的准则和基础，一切统治者的任务就是帮助弱者和蠢人。

法律的两个起源

第一个起源，正如你们所知道的，就是共同的自保，就是说，每个人都奉行着同样一个原则，这个原则促使他一视同仁地为别人也为自己寻找幸福；这是正义与和平的法律的真正管理制度的根源。根据经验制定出来的和由于共同自保而产生的一切个别的法律，都是这棵大树的枝叶。

由于人有各种各样，可能会有愚昧无知的情况出现，因此这个最初的法律就要牢记在每个人的心里，成为他的指导和首领。因此，假如公职人员由于贪婪和傲慢迷失方向，他的行为受到愚昧无知的支配，他的部下就会向他指出，他在哪里迷失了方向，因为共同自保与和平是整个政府的基本准则。因此，如果有人要宣传和实行基本真理或学说，在这里就可以看出他们实行这种学说的根据是什么。

第二个起源就是个人的自保，就是说，个别公职人员寻求自己在人间的幸福、安逸、荣誉、财富和自由。推崇当权人物和富人，不去关心和平和自由，也不去维护兄弟中间的弱者和蠢人。

这是暴政、不公正的法律和一切专门的王法这棵大树的根，而这些专门的王法是由兄弟奴役兄弟的贪婪政策所臆造出来的，并给人们带来奴役、眼泪、痛苦和贫困，成为暴政这棵大树的枝叶。这些公职人员脱离了真正的管理制度，已不再是这种制度的成员，而成了暴政即恶魔和撒旦的帮凶。

的确，这种暴政是所有民族中屡次发生的一切战争、混乱和土地管理权互相转移的原因。

如果执政者关心维护平民的和平和自由，设法把平民从压迫下解放出来，他们就可以掌握住权力，永远不会遇到阻碍。

但是，如果他们执政只是为了谋取私利，忘掉了被奴役的约瑟或是他们的弟兄的痛苦，那么他们就一定会垮台，而且他们这种做法往往证明自己是一个毁灭全国的毒瘤。

因此，一切真正的执政者的任务就是，维护作为正义的管理制度的根源的共同法律，维护每个人的和平，同时，铲除一切利己的原则和私利，即破坏共同和平的暴政和压迫。

因为，公职人员的违法行为，当然要比任何人都更严重地破坏共和国的和平。

真正共和管理制度的所有公职人员都应该是选举出来的

一切家庭都是由第一个家庭产生的，它是所有家庭的基础。在这个家庭中有父亲，他是统治者链条中的第一个环节。他所生的孩子们出于需要向他要求：父亲，教我们种地，使我们能够生活，我们一定服从。他们这种选举，不仅使他成了父亲，而且成了主人和统治者。从这一根源也就产生了一切统治者和公职人员；他们的职责是检查法律执行的情况，维护世界上的和平，其办法是维护一个良好的政府。

这里要注意到，虽然孩子们不能说话，但他们的怯弱和单纯为他们说了话，而正是这种怯弱和单纯选举了父亲当首领。

因此，谁是真正的共和国的公职人员，谁就不应该像所有的国王和征服者那样，用阴谋或暴力手段来占据管理职位，因为这种公职人员一旦成为暴君—压迫者，就把自己私人的利益或阴谋手段提到首位，使自己过着富足的生活，并以主人的姿态来统治自己的弟兄。

但是，真正共和制度的公职人员应该由需要他的、认为他能胜任这项工作的人来推选。父亲在家庭里的情况与此相似，他是共和的公职人员，因为他是由他的小孩子的各种需要按照一致同意的原则选举出来的。

第二，在叫做教区的大家庭里，人很杂乱，有的聪明，有的蠢笨，有的狡猾奸诈，有的老老实实，有的强，有的弱，有的急躁，易动肝火，有的委靡不振，稳健沉着。因此，兄弟之间就发生欺侮人的现象，共同和平就遭到了破坏。

这样，由于共同需要和平，全教区的人便从他们中间选出两三个或更多的人来担任监护人，以便强迫不守纪律的人遵守法律或准则——法律也正是为这些人补充制定的，以便使居民能够在和平环境中种地和收割，安安稳稳地享受自己的果实。

第三，在每个区、郡或国家，如果家庭发展为共和国，人民的需要有了进一步的增长，人民就要选出更多的监护人和公职人员来维持普遍的和平。当人民选出了所有的公职人员来维持人民在土地管理方面的秩序以后，对普遍和平的同一需要就会促使人民对自己的监护人和公职人员说：

“为了我们的安全和和平，请你们监督我们法律的执行情况，我们将协助你们，保护你们。”“协助”和“保护”这两个名词的意思是，人民将要拿起武器来保卫自己的法律和公职人员，反对入侵、骚乱或反抗，并对妄图破坏他们普遍和平的任何愚蠢的或自私自利的家伙所煽动的暴乱进行镇压。

可见，一切真正的公职人员都是人民选举出来的。当他们的活动旨在使选举他们的人民感到满意的时候，他们就是共和国的忠实的、公正的奴仆，那时，城市里就会出现一片欣欣向荣的景象。

可是，当公职人员占有别人的土地，从而爬到统治自己的主人、即选举他们的人民的老爷地位的时候，人民一旦不向他们租种土地或给他们打短工，使他们能够过着养尊处优、游手好闲的日子，他们就不许人民耕种土地，收割庄稼来过活。

这种公职人员就背离了真正的共和管理制度，采取了不公正的做法，因而人类就蒙受痛苦，以眼泪洗脸，遭到贫困和奴役。现在这样的人民正在抱怨不休。

当然，如果仔细观察一下，我们就会发现，人民的需要从来都没有促使他们去选举这样的公职人员。但是这些人或许是他们选出的那些军官的志愿兵，他们不等征召就先跑去报到，从而用狡猾手段和暴力窃取了管理大权，使一部分人强占了另一部分人自由享用土地的权利。这是在黑暗中活动的奴役制的儿子，先知以赛亚谈到这些人时感叹地说：

“黑暗君临大地，浓厚的黑暗笼罩了人民，因为人民的首领把他们引上了迷途。”我很担心，英国也会弄到这种地步……

共和国的所有公职人员每年应该改选一次

社会公职人员长期审理案件，将会蜕化变质，不再温顺、诚实和关怀弟兄。由于人类的心灵总是容易充满贪婪、高傲和虚荣，尽管他们担任政府职务之初，还有一种为社会服务的精神，竭力像为自己争取自由那样去为别人争取自由，但是长期担任这种与荣誉和伟大有关的职务之后，他们就会变得自私起来，竭力谋求个人福利，而不去关心普遍的自由。目前的经验证明一句民间俗语说得很对：

"国家和军队的高位改变了很多好心人的良心。"

自然现象告诉我们，"死水易臭"，但是流水不腐，可以为大家使用。

可见，正如共同自保的需要促使人民制定法律，选举公职人员来监督法律的执行情况，以便人民能够和平生活一样，这种需要也促使人民要求选出新的公职人员，撤掉旧的公职人员，每年改选一次国家职员。关于这一点，英国每个人都听得很清楚，也看得很明白。这样做的原因如下：

第一，为了防止发生不利于他们本身的祸患，因为当公职人员趾高气扬和过度富足起来的时候，他的眼睛就会受到蒙蔽，忘了自己是共和国的勤务员，而力图高踞于自己弟兄之上，所以他们的垮台往往是一落千丈，压迫人民的国王、主教和其他国务人员的下场就是一个证明。

第二，为了防止共和国重新出现压迫的现象，因为当公职人员变得高傲和富足起来的时候，他们就会不惜采取使自己兄弟贫困、破产和被排挤的办法来维护自己的尊严，长期压在英国平民头上的国王及其法律的活动就是一个证明。

现在，难道我们还没有亲眼看到，有些共和国的职员由于不撤换而牢牢占据职位，甚至难得与自己的旧相识交谈（如果这些旧相识是他们的下级的话），尽管他们在现在这场战争开始以前还是这些人的密友。

朋友和弟兄之间产生隔阂，无非是由于长期担任荣誉职务和享受荣华富贵的缘故。

第三，应该从热爱我们的后代出发，每年改选一次公职人员，因为不更换他们，痛苦和压迫就会在我们的法律和我们的公职人员中间滋长，如同有些地方不经常除草，杂草就会丛生一样。这当然就是灾难的开始，我们的后代要想摆脱这种灾难将很困难，那时他们就会诅咒我们这一代，因为我们身为他们的祖先，本来有可能为他们建立良好的社会秩序，而我们却没有这样做。

第四，每年更换一次公职人员，就有可能使他们真正变成诚实的人，因为这样一来，他们就会知道，第二批来接他们的班的人将要审查他们的工作，如果他们办事不公道，就会受到前来接他们班的人的责骂。假如公职人员在管理共和国方面很公正，他们也就会同意退职：伦敦的和平之所以能够维持，在很大程度上就是由于市政府每年更换一次。

第五，每年更换一次执政者有很大好处，因为假如有很多以服从为其职责的人，那么也就有很多能够轮流进行管理的人，这样一来，就会促使所有的人保持公正，待人和蔼，以期得到荣誉。但是，如果金钱和财富在管理人员的心中占据统治地位，那就只能产生暴政。

第六，这样一来，共和国就会涌现出一批适合进行管理的有才干、有经验的人，他们将会非常珍惜我们国家的荣誉与和平。教育儿童时应当非常重视这种荣誉与和平，这样，随着时间的推移，就会使我们英吉利共和国成为世界各国人民所热爱的共和国。

谁可以选举和被选为共和国的公职人员

所有破坏社会秩序的人——醉汉、爱吵架的人、为了怕得罪别人而不敢说实话的愚蠢透顶的人、贪图安逸和热中于争论的人，或是爱唠叨的人，都不可能真正懂得生活，不可能成为有经验的人，因而不适宜于被推选出来担任共和国的各种职务，但他们可以有选举权。

第二，所有同君主政权和君主管理制度有关系的人，既不能参加选举，也不能被选举出来管理共和国的事务，因为他们不可能拥护普遍的自由。这样的人分为两类：

一类人或者资助过国王的军队，或者他本人就是国王军队的兵士，曾参与反对恢复普遍自由的战争。他们暂时既不能参加选举，也不能被选举出来担任共和国的各种职务，因为他们已经丧失了自己的自由。但是我不想说，他们应该变成别人的奴仆，就像被征服者往往受到的那样的对待，因为他们是我们的弟兄，而他们以前所作所为无疑是出于真诚的动机，尽管是由于愚昧无知。

鉴于议会中也只有少数朋友了解社会自由，尽管他们挂着共和派的招牌，所以我认为，议会派对国王派的无知势必采取宽容的态度。因为他们都是我们的弟兄，所以不要把他们变成奴仆。但是他们现在还不能有选举权或被选举权，以便使他们的无知不致由于报复的心理而破坏我们的共同和平。

第二，所有急急忙忙就开始买卖共和国的土地，从而把共和国束缚在新的基础上的人，既没有选举权，也没有被选举权，因为他们的所作所为证明，他们或者维护国王的利益，或者对共和国的自由一无所知，或者两者兼而有之，因而不适宜于参加自由共和国的立法工作，也不适宜于监督这些法律的执行情况。

在英国平民还没有认识到自己的地位，还没有了解到他们作了这样重大的牺牲、流了这样多的鲜血究竟赢得了什么样的自由之前，就这样迫不及待地出卖他们的土地，对他们来说，再没有比这更不公正的事了。

为了维护君主制原则，把得到的土地从获得土地的人的手里或从其中一部分人手里转卖给私人，对于公职人员来说，再没有比这更愚蠢的了。虽然这是一种罪过，但是这种罪过会得到原谅的，因为这是由于弟兄的无知造成的，因为英国长期处于国王的奴役下，只有少数人了解什么是普遍的自由。希望这些已经被买走的土地很快就由现在掌握这些土地的人还给原主。

让少数人享受所有的平民用纳税、提供宿营地以及牺牲自己的财产、健康和鲜血的办法才从奴隶制下赎出的土地和自由，而让多数人得不到生存的保障，这是既无理由又不公道的。

是的，这些人剥夺了别人的权利，是一群贪婪成性的自私自利的人，因此，他们既不适宜于被选举出来担任各种职务，也不适宜于参加选举。

谁适宜于被选举出来担任共和国的各种职务

请选举那些早就用行动证明自己拥护普遍自由的人，不管他们是不是教会里的，因为所有的人都离不开基督。

请选举性情温和、待人接物稳重的人。

请选举受过国王迫害的人，因为他们会同情其他各种奴役的受害者。

请选举那些冒着牺牲自己的财产和生命的危险企图把土地从奴隶制度下解放出来并且始终相信会做到这一点的人。

请选举在制定和平的、组织健全的政府的法律方面有经验的聪明人。

请选举敢于说老实话的勇敢的人，因为这对当代英国有许多陷入了对某些人奴颜婢膝的臭泥坑的人来说，是一种羞辱。这是不敬畏上帝的贪婪之徒，他们终究要被逐出和平之城而变成走狗的。

请选举四十岁以上的人充当职员，因为这种年龄的人有经验的比较多，而且在这种人中间往往可以找到大胆的、作风正派的、憎恨贪婪的人。

你们如果要选举具备上述原则的穷人（因为目前征服者的政权把许多公正不阿的人都变成了穷人），那就要从公共积累中给他们拨出一年的给养，因为在这一段期间内，共和国的自由就会确立起来，那时就不再需要这样的薪俸。

大多数人对自己的自由都是这样无知，而只有极少数的人可以被选举出来担任共和国的职务，这是什么原因呢？

这是因为待在教区里征收什一税的旧时的国王僧侣，总是把自己的盲从教义灌入人民的头脑，使他们变得愚昧无知。他们仔细观察人们的爱好，迎合无知的人的可怜的头脑来传教，以便保持自己的财产，并使受骗的、受迷惑的和被愚弄的人民继续崇敬他们。

第　四　章

自由共和国公职人员的职务名称

在单独的家庭中，父亲或家长是公职人员。

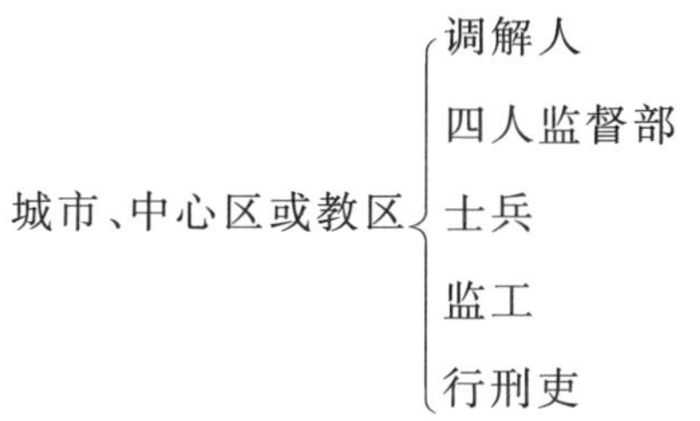

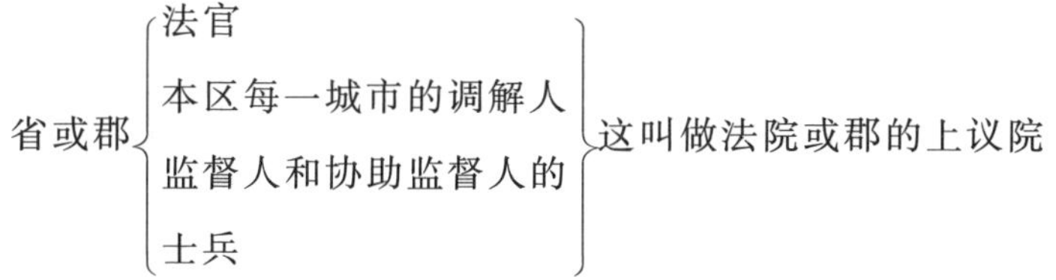

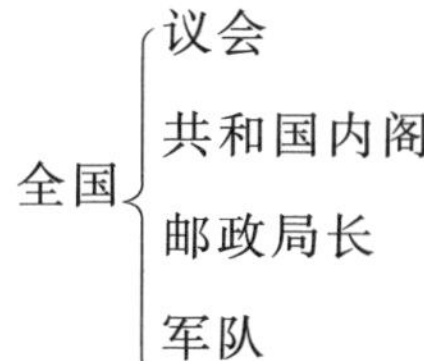

所有这些公职人员就像一个链条的各个环节一样。他们都是从一个根上生长出来的，这个根就是必须保证普遍的和平。他们

的全部工作就是为了维护普遍的和平，因此他们应当相互帮助，而其余的一切人都应当根据需要来帮助他们，否则就有因违反法律而受惩罚的危险：一个好政府实行这样的领导，就可以把整个国家，不，甚至把整个世界都变成人类的大家庭，变成一个管理得很好的统一的共和国，就像以色列称为统一的以色列家族一样，尽管它是由许多家族、种族和家庭构成的。

父亲或家长的职责

父亲有义务关心自己的孩子，直到把他们养大成人，成为聪明的、有能力的人为止。其次，他应该作为教师教他们读书，帮助他们学习语言、艺术和科学，或教他们学会工作的本领，教给他们某种手艺，或根据下面将要在教育人的问题上谈到的原则，送他们去受训。

父亲应当让自己的孩子帮助他种地，或者要他们做各种手艺来维持生活，这就是说，他要使每个人能够独力维持生活，而不依赖别人。

他应当把工作交给孩子们去做，监督他们的工作情况，不容许他们游手好闲；他应当责备他们，或者是责打不听话的孩子；应当准备一根藤条，使不理智的孩子取得经验，学会节制。

孩子们不应当像野兽一样互相争吵，而应当像习惯于服从法律和共和国公职人员的有理智的人那样彼此和睦相处，每个人对待别人就像自己希望别人对待自己那样。

调解人的职责

在教区或城市可以选举三四个或六个调解人，有时甚至可以选举更多的调解人，这要看地区的大小而定。他们的职责有二：

第一，常驻在委员会里，主持教区的事务，防止发生骚乱，维护公共和平。在这方面，他们可以称为顾问。

第二，如果两个男人由于某种争吵或是某种愚蠢行动而造成侮辱性的案件，将由士兵把双方带去见一个或几个调解人。调解人听取案件的经过，竭力使双方和解，不让事态发展下去，从而避免法律的严厉制裁。

如果调解人不能说服双方或使双方和解，他就命令他们在规定的时间内去法院受审。

如果发生涉及到一个省的中心区、城市和乡村的和平的社会性案件，每个城市的调解人就要会合起来商讨这一案件，如果有必要的话，则由他们或者他们中间的六人对下级公职人员发出指示。

如果事件只限于一个城市或中心区[54]的范围，这个城市的调解人就以本院的名义对下级公职人员发出指示，在本市的范围内履行社会职责。

第三，调解人如果掌握某个公职人员玩忽职守的证据，就有义务当面向这个公职人员指出这种情况。如果这个公职人员听到这一批评之后，仍然不改正上述的错误，调解人就要把这一情况上报省议会或议会，对违法乱纪分子给予应得的惩罚。

这一切都是为了使人服从法律，因为严格执行法律是政府的生命。

一方面，调解人监督公职人员，另一方面，所有的公职人员以及其他人员也应该根据下列规定对调解人进行帮助，违者就有失去自由或受其他惩罚的危险。

要记住一点：如果侮辱者被带去见这些主要调解人中的一个，这就要记上，侮辱者由于拒绝服从监督人的监督已经有一次放过了受宽大处理的机会。对于这一点下面还要加以解释。

监督人的职责

在教区或城市，应该有四级监督人，这些人每年应改选一次。

第一级是和平的卫护人，在两个男子之间可能发生某种争执时进行调解。虽然土地及其全部果实都是公有财产，土地的耕种和收割应该由每一家庭通力协作去进行，但是每幢房子及其全套家具还是居住者个人的财产，每个家庭从仓库或者商店里拿来使用的衣服、食物或某种装饰品，都是这个家庭的财产。

如果另外一个家庭或者某一个人来妨碍他，或者想强占装饰这位邻居的房屋的家具，或者想要烧毁、破坏和故意搞坏这位邻居的屋子的某一部分，或者打算拿走这位邻居准备自己应用的食物和衣服，这样就可能发生争执，可能说些侮辱人的话。这些监督人的职责就是防止骚乱，协助调解人。在听到发生这种欺侮人的案件时，监督人就应当到出事地点，听取案件发生的经过，尽量说服欺侮者，以保持和好。如果双方友谊得到恢复，他们能够为了共和国的和平而服从法律，那么欺侮者的这种放肆举动就只受到监督人的责备，事情也就这样了结。

假如欺侮者非常狂妄，虽经监督人劝告，还想欺侮自己的邻居，仍然顽固不化，那么监督人就要命令士兵把欺侮者送交调解人办事处，交给其中一个或几个调解人处理。

如果经过主要调解人的劝告，欺侮者还是不服从和平的法令，那就要记住，欺侮者第二次错过了受宽大处理的机会。

这时，调解人就要命令他在一个指定的日子到他欺侮别人的那个中心区或乡村的法院去听候法律的严厉判决。

假如监督人能使这一案件和解，他就不把欺侮者送到法院去见调解人，但是要记上，这人曾初次违反法律。

所有这一切都是为了防止发生争吵和欺侮人的事件。主要调解人或顾问在发生这种破坏秩序的案件时，不可能总是在场的，因此，维持秩序的人也是法院的助手和成员。

每个人不去强占别人第一个得到的物品，因为这些物品属于第一个拿来自用的人。如果另一个人跑出来说，我想要这件物品，这样就会发生欺侮人的事情。这时监督人就要到他们那里去，或者命令士兵把欺侮者带来见他，竭力使他们和解，其办法是把物品归还给第一个拿到这些物品的人，或者没收这两人的物品，叫他们到仓库去，要他们从仓库里取出更多的东西，因为仓库总是满满的，有的是这种日用品，但他还是要严厉训斥那个欺侮者企图破坏和平，指出这个人第一次用强力破坏和平的法律。

总之，所有的人，不管是谁，都应该帮助监督人做这件工作，如果有人与监督人争吵或者对他加以侮辱，他就可以命令士兵把侮辱者带去见调解人，而后者就命令他去法院，接受法律的铁面无私的严厉判决。

调解人或顾问命令欺侮者去法院，那就表示这个欺侮者已经两次拒绝了宽恕。

对于小小违反法律的事件，上述一切都可以适用。但是，假如某人的违法行为造成了人命，事先就毋需进行任何调解，违法分子将要受到法律的制裁。

监督人的另一个职责——指导各种行业

监督人应当监督父母把青年送到师傅那里去学习某种农活、手艺和科学，或者送去当仓库看守人，使区里的每一家没有一人受到游手好闲的风气的沾染。

同样地，这种监督人应当帮助每个家庭师傅，向他指点他那行手艺的秘诀，使年轻人能从长者的经验中吸取对于事物的深刻知识，探求自然界的秘密。

鉴于有许许多多不同的手艺，每种手艺就要选出一个城市或中心区的大小所要求的那样多的监督人。这些监督人的职责不是做工（只要他本人不愿意做），而是到他那一个区中的从事这一行业的每一家去视察人们的工作情形，必要时给予指示，使每个青年都不致游手好闲，就像我们前面所说的那样。

如果这个监督人发现哪个青年能力强而适宜于做别的手艺，他就同那种手艺的某一个监督人商量，为这个青年找一个师傅，并征得这个青年的父亲的同意，同时告诉青年本人要住在哪个家庭。

如果这个家庭的父亲体弱多病或天生愚蠢，需要人力、智慧的支援和指导，或是在他的儿子学艺之前就死去的话，那么父亲所学的这种手艺的监督人就要根据共和国的法律，把这些孩子安置到他们能够学到手艺的人家。

某个人可以做二三十个鞋匠家庭的监督人，另一个人可以做铁匠的监督人，第三个人可以做呢绒织匠的监督人，第四个人可以做仓库或商店的管理员的监督人，因为每种行业都应当有监督人。

的确,伦敦的市场和商业公司的管理工作很合理,而且安排得井井有条;各种手艺的监督人真可以说是某个公司或某种手艺的行家、督察和助手。为了维护和平秩序,只需履行两个条件:

第一条是,所有这些监督人每年重新选举一次;第二条是旧监督人不能选举新监督人,以防止产生统治的压迫。每种手艺的所有家长和自由人都是选民,而旧监督人只能和他们一起投一张选票。

像城市和中心区的各行各业都有监督人一样,在乡村的教区也要选举这样的监督人来监督土地的耕种情况。在每个农村教区,可以选出四至六个耕种监督人,来监督本区的土地的耕种,使农业能够根据理智和技巧正常进行。

有几个监督人是养羊业的监督人,他们将从对这一工作有经验的人中选出。有几个监督人要监督牧民,其中有几个监督人要看马,有几个要看乳牛。这些监督人的职责是使每个家庭在每年叫做播种期的季节里,无论在耕地还是准备播种的工作中,或是在收获期间收割庄稼和运粮入库的工作中,都要出力帮忙。

他们还应当注意使每个家庭的谷仓和教区的公共仓库,都能够及时修理。他们还应当使每家都按自己的劳动力的多少拥有足够可供公用的劳动工具如犁、小车和设备等;锄、铲、镰刀等必需工具也是如此。

监督人的职责还包括使学校教员、邮局局长和牧师都根据法律履行自己的职责。

同样地,这些手艺监督人还要使每个人在跟师傅学满七年而把手艺学好以前,都不能成为一家之主,不能拥有奴仆,理由是每家应该由有等级的、有经验的师傅而不是由轻浮的青年来管理。

这种监督人的职务使全体人民在各种手艺、学科或劳动方面达到和谐，使共和国不会有乞丐和寄生虫。

监督人的第三个职责是，监督每个手艺人把自己的产品送到仓库、商店里去，监督仓库保管员履行自己的职责。

有些特殊的手艺需要很强壮的人，而且要付出很大的力气才能完成。但也有些工作是身体很弱的人能够做的，如保管仓库和商店、收货、把物品发给每个需要它们而来领取的家庭和个人。

例如：

皮革经过加工后，就要送进皮革仓库，鞋匠、鞍匠等等可以根据需要从仓库里领取这些皮革。麻布和毛织品也是这样：织布工人把这种产品送到仓库和商店里去，从事其他手艺的家庭则根据需要从那里拿到这些产品。其他物品根据已公布的仓库法，情况也是这样。

这种监督人的职责和手艺监督人完全一样，不同的只是他们监督仓库和商店。

他们要监督每个手艺人，比如监督麻布工人、呢绒织匠、纺织工人、铁匠、帽匠、制手套工人等，要他们把产品送到指定的商店。同时，监督人还要注意使自己所在地区的商店和仓库经常有货，让需用这种物品而自己又不能生产的从事其他手艺的家庭，能够到存有这种物品的仓库和商店里去，不必通过买卖而直接领取这些物品供自己使用。

这个职员一方面要监督每个手艺人把产品送进商店和仓库，一方面还要监督商店和仓库的保管员认真进行工作，根据法律手续接收和分发自己看管的物品。

如果某个商店或仓库保管员玩忽职责，不管是由于懒惰还是由于闲谈或傲慢而造成损失，监督人就要进行劝告和指责。如果他能改正错误，那就很好，如果拒不改正，监督人就要命令兵士把他带到调解所去；如果经调解所责备之后，他能够改正错误，那就很好，否则公职人员就要把他送进法院加以判处，把他逐出他的房屋和工作地点，送往农村去种地，他的岗位和房屋将由另一个人来接管，一直到他改正错误为止。

这个监督人还要监督商店和仓库的保管员及时修缮建筑物。如果某幢房子需要修缮，保管员就要通知手艺监督人，后者就指定泥水匠、铁匠或木匠去修理。

第四，所有六十岁以上的老人都是总监督人。他们到处视察，发现某个公职人员或手艺人玩忽职守时，便把公职人员或其他的人找来，告诉他们违反了为维护共和国的和平所必须承担的义务。这些人叫做耆宿。

每个人都必须尊敬他们，因为他们是父老，对共和国的和平法令具有极其丰富的经验。

假如他们发现缺点并提出意见，所有公职人员和其他人员就要帮助他们，保护他们，使法律能够得到严格的遵守；如果有人竟敢欺侮他们，或以言行来欺骗他们，就要根据法官的判决给予惩处。

他们都是所有公职人员履行自己职务的总助手和鼓舞者。

这样做的理由是，如果有很多双眼睛在敏锐地监视的话，大家就会为维护和平而遵守法律。

可是，如果某一位耆宿大发脾气，嫉妒某人，或是把自己的意志置于法律之上，进行违法活动，那就要由法院人员根据对他的控告来进行审理。如果确实是他不对，就先由法官对他进行批判；假如他是重犯这种错误，法官就要宣布他已丧失威望，终身没有资格再任公职人员的监督人，而只能作为一般老人受到尊敬。

士兵的职责是什么？

士兵也是公职人员，正如其他所有公职人员一样。实际上，所有的国家公职人员都是士兵，因为他们都是政权的代表者。如果公职人员没有权力，暴徒也就会不服从任何法律或政府而为所欲为了。

因此，士兵也像中心区的元帅一样，每年应当改选一次。元帅是主将，应该有一些士兵受他的管辖，服从他的指挥，必要时对他进行帮助。

士兵在和平时期的职责，是把违法者送交公职人员或法院，并在发生种种破坏秩序的情况下保卫公职人员的安全。

士兵没有奉到公职人员的命令，不能做任何的事情，可是一旦奉到命令，他们就要照命令行事。根据情况的需要，他们有时从法院、有时从调解所、有时从监督人那里接到命令。假如士兵把违法者送到调解人那里，他虽经过劝说仍不愿服从法律，调解人就要把他送交法院。如果违法行为没有造成死亡事件，违法者在受审判前不被监禁。调解人命令违法者在指定时间内前往法院，他应当保证执行这项命令。这样做是出于两个原因：

第一，为了避免残酷的监禁；第二，他在受审前可能醒悟过来，改正自己的过错。这样，根据他的表现和他的邻居的证明，法官可能减轻对他的判决，因为共和国的法律就是要求犯人改正错误，而不是要消灭犯人的肉体。

假如违法者从本省逃到外省，拒绝服从调解人的命令，违背自己上法院的诺言，这时，士兵就要到各处去搜捕，一旦抓住了他，就把他送到法官那里去，由法官判处他死刑，决不宽恕。

如果在他被公告员传去以后，有人为他进行辩护或替他掩饰，这样的庇护者就要被判处剥夺十二个月的自由。下面将谈到为什么要给予这种惩罚。

如果违法行为造成死亡事件，调解人不必取得违法者上法院的诺言，就直接命令士兵把他监禁起来，等待法院开庭审判。

监工的职责

监工的工作或职责是，监督被法官判处剥夺自由的人，给他们工作做，并监督其完成工作的情况。

如果违法者能够完成工作定额，就允许发给他们足够的衣食，维护他们的健康。如果违法者有绝望、轻率和懒惰的表现，不安分守法，监工就给他们少量的食物，用鞭子抽他们，“因为鞭子就是要用来抽蠢人的脊背的”，直到他们傲慢的心理向法律屈服为止。

当监工看到违法者已经遵守法律，他就把他们当作受到委屈的兄弟一样看待，伸出双手欢迎他们，并允许发给他们足够的食物和衣服，希望他们改正自己的过错，但一定要有一个条件，这就是他们必须完成工作定额，直到根据法律决定把他们释放时为止。

监工给他们的各种工作，都是他估计一个人能够完成得了的。

如果某个违法者私自逃跑，公告人就要上报，一旦违法者重新被捕，审判员就判处他死刑。

行刑吏的职责

如果有人严重违反法律，应受鞭打、监禁或处以死刑，行刑吏就要依法把他砍头、绞死、枪毙或鞭打。

综上所述，城市或中心区的所有公职人员的职责就很清楚了。

法官的职责是什么？

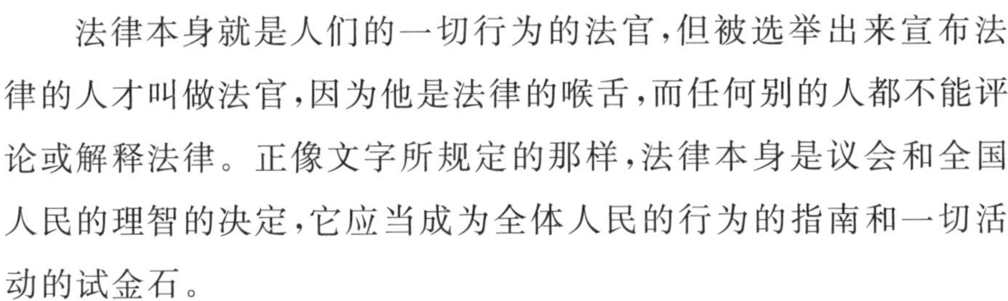

法律本身就是人们的一切行为的法官，但被选举出来宣布法律的人才叫做法官，因为他是法律的喉舌，而任何别的人都不能评论或解释法律。正像文字所规定的那样，法律本身是议会和全国人民的理智的决定，它应当成为全体人民的行为的指南和一切活动的试金石。

无论是谁，要是他擅自解释法律或模糊法律的含义，使法律变得为人们难于理解，甚至给法律加入另外一层意义，他就把自己置于议会之上，置于法律和全国人民之上。

因此，担任法官的人的职责就是审理要他审判的案件。遇到人们之间发生任何分歧，他都要审查双方的意见，听取每一方在不雇用律师的情况下自己所作的辩护；同样地，他还应当听取在审判中应当向他提供证词的见证人的意见。

其次，他应当宣读与该案件有关的法律全文，因为他所以是法官，并不是因为审判站在他面前的违法者的行为是他自己的意志和愿望，而是因为他是宣读法律的喉舌，法律才是真正的法官。因此，谁想在共和国中和平生活，他就要重视这种法律和这些条令。

但是，在国王统治下，人民中间所以产生许多灾祸，就是因为叫做法官的人可以任意解释法律。当法律的含义、议会和政府的判断由法官主观决定时，人们就会对法官、法院、法学家甚至法律本身(如果它是一项糟糕的法律的话)的不公正产生许许多多的怨言。

因此，曾经是有名法规的法律，就按照贪婪的、嫉妒的或者是傲慢的法官的意志而被篡改了。因此，国王的法律十分混乱，只有那么少数人知道法律是按照什么准则行事的(因为判决往往取决于法官的意愿，而不是取决于法律本文)，这也就毫不奇怪了。

因此，勤勤恳恳的议会颁布的好法律，就像蠢鹅所生的好蛋一样：蠢鹅生下了蛋就走开了，任凭旁人去拣，根本不再理会。因此，如果有人在它的窝里放一块石头，它也会去孵，仿佛那是真的鹅蛋一样。

同样地，即使法律再好，如果法官可以任意解释法律，那么法律往往也是不会执行得好的。

实际的情况也是如此。一方面法律遭到了歪曲，另一方面各国人民遭到一些人即法官的舞弊行为之害。这种祸害是由法官可以用自己的解释任意改变法律的含义所产生的。

同样地，由于牧师可以任意增添内容和随意解释，摩西、先知、基督及其使徒的典籍就被弄得模糊不清。

当然，不管是法官对待法律，还是牧师对待上帝，只要他们任意解释自己应当遵守的法规和教规，即使不作任何的增减，也成了人和上帝的有罪的奴仆。

法院是什么？

在省或郡，应当选出：

法官，

区内每个城市的调解人，

监督人，

由他们指挥的士兵队。

所有这些人合在一起就叫做法院或郡议院。这个机关在每个郡每年举行四次会议，必要时还可多开；在大中心区，每年举行四次会议：第一季度在省的东部开，第二季度在西部开，第三季度在南部开，第四季度在北部开。

这个法院对本郡或它的某一部分的每个公职人员实行监督，它的职责是监察每个人是否忠于职守。如果某个公职人员危害某一个人，法院就要做出决定，根据违法者违法的性质给以惩罚。

如果有人对某些事情感到不满，而下级公职人员又不能解决他的困难，法院就要冷静地倾听他的申诉并且帮助他，因为在没有现行法律的地方，他们有权在议院开会以前采取一些办法来减轻违法者的困境，然后议院可以批准一项决定作为法律（假如它同意这个决定的话），或者为此目的制定另一项新的法律，因为立法者现在没有预料到的很多问题，将来很可能会发生的。

如果人民中间发生了某种混乱现象，这个法院就应该把事情纳入正轨。如果有人必须上法院去，法官就要听取案情的经过，然后根据违法行为的性质，按照法律本文作出判决。

可见，法官的整个工作就是宣布判决和法律的含义。这一切都只是为了使法律能够得到遵守，共和国的和平能够得到保障。

共和国议会的一般工作是甚么？

议会是国家的最高正义机关。它每年应改选一次；全国每个中心区、每个城市和一定的农村区都应当选出两三个人或更多的人参加这一机关。

这个机关的职责应当是监督其他所有机关、公职人员、个别人及其行为；它应该掌握全部权力，因为它是撤销所有公诉和改善人民中受压迫者的处境的全国性代表机关。

议会是从共和国的国家最低职位即一家之父产生的。父亲应当使被压迫的孩子不受到任何的欺侮，不应该偏袒任何一个孩子，议会也应当同父亲的这种慈爱的关怀一样，为全国人民解除一切痛苦，不袒护强者而虐待弱者。但是，它首先应当关怀在暴君的法律和权力下呻吟着的被压迫者，给予他们帮助，因为强者或者得到暴君支持的人是不需要帮助的。

虽然议会应当成为国父，但是，由于国王政府的贪婪和欺骗，这个父亲厌恶起国家的孩子来，或者唯恐触怒暴君而不能或不敢采取措施来改善自己弱小孩子的处境。

议会难道没有召开会议，没有改选，没有颁布法律来巩固暴君的统治，没有用这些法律来加强富者和强者的地位吗？议会直到如今难道不是还在继续使被压迫者受压迫吗？

但是，我不来分析过去的缺点，我还是乐意希望情况能够有所改善，因为我们看到，本届议会已经宣布英国为自由共和国，打倒了我们的国王政权。因此，我很高兴，希望下几届议会将会成为我国被压迫孩子的温和慈爱的父亲。

当只有个别少数人得到照顾的时候，不要用好话和诺言来哄骗我们，而是要让我们吃饱肚子，使我们的身体沐浴在自由的崇高功勋的荣耀中，把被压迫者的孩子的一份天赋权利和共和国的自由交给他们。这种自由都被国王政权和它的法律，以及我们的冷酷的继父继母从我们和我们父亲手里夺走了许多年。

议会的专门工作有四种。第一，议会作为慈爱的父亲，应该给公职人员以权力，发布命令，允许自由耕种土地和收割共和国土地上的庄稼，使所有被压迫者和被征服者、被国王及其残暴法律剥夺了自由使用土地权利的人现在可以自由耕种土地以取得衣食；议会应当保护耕种土地的人，惩罚游手好闲之徒。可是，有些人可能会问起我所说的共和国土地是什么。

我回答说：就是征服者或暴君过去从人民手里夺去的、现在全国平民通过共同努力和采取措施才从这些压迫者手里夺回来的全部土地，因为这些土地是他们用鲜血换来的，是他们和他们后代的天赋权利。根据自由共和国的法律，这些土地不应该重新落到个人手里。

这些土地包括全部寺院的土地在内。这些寺院的土地是往昔英国平民用鲜血从天主教徒手里夺回来的，尽管国王不让他们知道他们对这些土地的权利。

这些土地也包括最近从暴君手里夺回来的所有王室土地、主教土地及其所有的花园、森林和猎场。过去，这些暴君让领主和监工去压迫平民，不让他们自由使用土地。

这些土地还包括全部村社土地和叫做村社土地的荒地。贫农应当占有其中一部分，但是连这样的土地领主也不让平民耕种，其办法是要求平民用现款缴纳租金，严格监督贫农，不得到他们同意谁也不能在村社土地上搭盖房屋或者耕种土地，而且一开始就得向他们缴纳租金、罚款和租地继承捐，如同在征服者统治时一样；此外，富裕的大地主和自由持有农也剥夺兄弟从耕种这种村社土地得到的利润，在村社牧场上放牧牛羊，从而使很多地区的穷人如果不偷些草料，就连一头牛都饲养不起。

因此，穷人们都在抱怨这种奴役制，抱怨他们的弟兄在这样一个国家中使他们遭受贫困，因为在这个国家中如果不是贪婪和傲慢驱使一个兄弟去压迫另一个兄弟，每个人本来都可以得到十分充足的东西。造成这一切不幸的根源就是国王政府。

现在，议会的任务就是粉碎暴君的羁绊，废除他的全部压迫性的法律，为被压迫的穷人规定条例和奖励办法，指示他们立即开始耕种自己这块土地并在土地上面施肥，以便使自己和自己后代的生活能够得到保障。

同时向他们宣布，这是依靠他们勤劳、纳税和流血而从暴君和压迫者统治下正确而英勇地夺回来的天赋权利。

议会的第二种活动是废除那些成为压迫者的势力的旧法律和旧习惯，制定和批准新法律来改善人民的处境，保证人民的自由，但是应当把这点告诉人民。

议会在这方面的活动有三种：第一，既然旧法律和国王的习惯给人民带来了痛苦，人民都希望废除这些法律和习惯，实行比较有利的法律，那么现在，议会的任务就是要根据理智和正义，来探寻当前有什么方法能够改善人民的处境和保持普遍的和平。如果经过会议的讨论，找到了可以减轻人民痛苦的办法，他们也不应该立即把自己的结论变成法律。

下一步就是公布一个宣言，把这些决定发表出来，让选举议会的全国人民批准；如果人民在一个月以内没有提出反对意见，他们就把人民的沉默看作是同意的表示。

然后，第三步就是赋予决定以法律的效力，成为全国的强制性的守则。废除旧习惯和法律要经过人民的同意，有关这个问题的频繁请愿和要求都证明必须要这样做。同样地，实行新法律也要取得人民的同意，并且要告诉他们。

议会不应该去征求同旧的压迫性的法律和习惯有关系的人的同意，像国王经常所做的那样，而应该去征求被压迫者的同意。理由如下：

如果说人民全体都应该服从法律，否则就要受到惩罚，那么，他们就有充分的理由在这个法律没有生效以前熟悉一下法律的内容，以便可以发现问题并加以改正，如果这个法律包含着什么压迫企图的话。

你们也许会说，如果这样做，由于人们的见解各不相同，恐怕我们永远也谈不拢来。我回答说：

只存在着奴役和自由，个人利益或共同利益。谁要求把个人利益塞进自由共和国，他就会作为一个力图恢复国王奴隶制的人而立即遭到揭露和放逐。

担任国家职务的人，由于所担任的职务同尊严和荣誉交错在一起，比起不是由于沉重的法律而受到痛苦便是由于自由的法律而高兴的全国人民来，更容易被腐蚀而把个人利益带进共和国。

当然，不想奴役人民的人都不会同意这一点。

议会的第三种活动是进行监督，使过去或现在妨碍被压迫人民享受自己天赋权利的一切绊脚石能够真正搬掉。

如果他们的村社土地是操纵在领主的手里，他们就应该使土地摆脱这种奴隶制。

如果共和国的土地由于听了谋求私利的狡猾、贪婪而无知的公职人员的轻率主意而被卖掉，村社的土地又在买卖的借口下重新被束缚起来，议会就要研究一下，谁有权利竟不经全体人民的同意而去买卖共和国的土地；因为这不是一个人的权利，而是每个人的天赋权利。如果有些人出于贪婪和利害关系而表示同意这样做，议会作为国父就不应当同意买卖土地，因为土地是所有孩子的天赋权利，是他们用劳动、金钱和鲜血争取来的。

议会还应当宣布买卖是违法的，无论是买主还是卖主都是共和国的和平和自由的敌人。实际上，人民是出于需要才选出议会来帮助自己克服弱点的，如果议会发现存在一部分人民想使另一部分人民破产然后加以奴役的某种危险，他们就应当提醒和防止这种危险的发生，因为他们就是国家的眼睛。当然，那些把人民引到泥坑里去，使人民从泥坑中爬出来之后又陷进去的人，都是睁眼瞎子。

在土地已经从压迫者的政权和法律下解放出来以后，议会应该保护土地，使土地能够为人民自由使用，不容许土地在它的同意之下进行买卖，并且又被套上奴隶制的枷锁。

如果公职人员在这方面忠于人民，人民就应当出于热爱和忠诚而团结在他们的周围，以便保卫他们。如果议会不考虑到这一点，人民就会像没有牧羊人的羊群一样从内心里抛弃它。

这一切侮辱是由国务活动家的贪婪之心所产生的。这些人不屑服从正义的法律，把自己的富裕、荣誉和财富置于被压迫人民的富裕和自由之上。这时，议会就必须把这些公职人员监禁起来，加以惩罚，由具有为公共事业服务的精神的人来代替他们。

人民受到侮辱，是由于国王法律赋予领主、贪婪地主、收什一税者和肆无忌惮的法学家以实权的缘故，因为这些人发现国王的法律可以帮助他们对人民进行压迫。而受到所有这些压迫的人民正在呻吟，在期待着解放，就像今天的英国的被压迫人民在期待着解放一样。这时，议会的责任就是解放人民，使他们能够享受耕种土地的自由。他们不应该把人民当作孩子一样看待，而是要作为一个父亲，准备一看到孩子受穷或者当孩子向他求助时就去帮助自己的孩子摆脱贫困。对被压迫的人民，它也应当采取这种态度。

当然，其所以要选举议会，正是为了这个目的，正像前面已经说过的那样，需要共同保护和维持和平，无论是对公职人员还是对人民来说，都是一条基本法。

议会的**第四种**职责如下：

如果必须召集军队去作战，不管是去抗击外来敌人的侵入，还是镇压国内的暴乱，议会为了普遍的和平都有义务承担这件事情。这一工作分为三个方面：

一、向人民充分说明战争的原因，指出这种侵入或暴乱的危险。根据这个原因，要求人民为了维护共和国的法律、自由与和平而提供人力的支援，以履行他们在选举时所承担的义务，因为人民曾经宣称：如果你们维护我们的法律和自由，我们就保护你们，帮助你们。

二、在这种情况下，议会应当选拔聪明而能干的关心公共利益的人去担任统率军队的职务，赋予他们权力，以共和国的名义委托他们整顿军队。

三、在这种情况下，共和国的职责或者是派遣使节到已经侵入或打算侵入我国的国家去，同它谈判议和的条件，或者向它宣战，或者接见其他国家的使节，听取他们对这个问题以及其他涉及国家和平和荣誉的问题的意见。

议会本来就是共和国的首脑，或者还可以说是军队的最高会议，因为对军官或士兵的一切命令最初都是从这里发出的。

因为，如果议会没有一支军队来保卫自己，粗鄙的人民就不会服从它的决定；如果议会不是人民的代表，不是一切权力的真正的集合体，军队就不会服从它的命令。

总之，议会是共和国政权的首脑，它的职责是在战争期间与和平时期管理公共事务，不把个别人的利益摆在首位，而是要关心全国人民即每个人的和平与自由，使他们不致丧失自己的天赋权利，只要他不是因为犯罪而像法律所规定的那样失去自由。

共和国僧侣的职责和七天中为什么有一天应是休息日

假如有很好的法律，但人民不了解它们，这对共和国来说就像没有任何法律一样糟糕。

因此，摩西(他当时是人民的统治者)颁布的以色列共和国各项法律中有一项规定：

仍旧根据下列三个原因从七天中抽出一天作为休息日是适宜的、正确的。这三个原因是：

第一，使教区的居民能有时间会面，相互探望，能够开始或者继续友好的往来。

第二，有一天歇工，可以使每个人和牲畜得到休息。

第三，使所在教区的牧师所挑选出来的人（任期一年）能给居民读三个文件：

一、邮局局长寄来的根据邮局的消息编写的有关全国动态的材料，这在下面还要谈到。

二、宣读共和国的法律，这不但是为了使耆宿重新记起这项法律，而且是为了使青年对它有所了解，因为他们尚未成年，缺乏经验，还不懂得什么事情做得对，什么事情做得不对。由于国家的法律掌握着自由和奴役、生和死的权力，因此必须具备法律的知识，而牧师是向人民介绍法律的最好的预言家。人们长大以后，一年比一年有能力卫护国家的法律和管理制度。但是，这些法律不能由宣读人来解释，因为对明明白白的法律加以解释就等于是把与法律的原意不同的意思强塞进这项法律，这就会产生两种弊病：纯洁的法律和人民的智慧就会对此感到不安，因为有很多话把人们的认识弄得糊里糊涂；宣读人就会傲慢到蔑视立法者的地步，而随着时间的推移，他就会成为暴政的父亲和孕育者，就像现在僧侣所表现的那样。

三、人民的头脑通常倾向于讨论问题，为了训练青年和老年人的机智，可以发表三种演说：

首先，说明古代及其管理制度的事迹和事件，强调像以色列共和国那种健全的管理制度所产生的自由的福利，同时也着重指出像在法老和其他暴君的王国中的那些总是随着压迫和压迫者而来的骚动和奴役。这些暴君声称，不管是土地还是人民，都属于他们所有，都完全由他们控制。

其次，可以讲一讲关于各种艺术和科学的情况，第一天谈一种，第二天谈另一种，例如谈谈物理学、外科学、占卜术、天文学、航海术、农艺学等等。另外，在演说中还可以说明各种草木（从牛膝草到雪松）的本性，如同所罗门所写到它们的那样。

还应当向人民介绍恒星和行星的本性，以及上帝在天上统治我们的巨大威力。这样，人民就会了解到自然界和创造物中包藏着全部真正知识的奥秘。这样一来，人就会发射出探求这种奥秘的光芒。

第三，有时也可以讲一讲这样的题目，比如讲一讲人的本性、人的阴暗面和光明面、人的弱点和优点、人的爱和嫉妒、忧伤和欢乐、内在的和外在的奴役、内在的和外在的自由，如此等等。这也就是教会的僧侣平常竭力想知道的东西，但是，他们如果有人没有经验而偏要讲述，就只会把自己的知识同错误的学说混淆起来。

这就是现在能够真正认识上帝（他是一切创造物之神）的途径，而上帝寓于一切形体、特别是人之中，就像使徒保罗所写的那样："造物主存在于各种不同的形体中，充塞于万物之间。"

如果土地能从国王奴役制度下解放出来，使每个人都相信自己过着自由富足的生活，如果这种自由能够固定下来，上帝的许多秘密及其在自然界的创造行为就会显示出来。而现在，人们竟靠保守秘密过活。因此，国王奴役制是使愚昧无知遍布人间的原因。

只有确立了共和自由，打倒了伪善的或国王的奴役制，知识才会像河流注入大海一样传遍人间，但在此以前，是做不到这一点的。

由牧师每年选举出来的宣讲人，不是进行说教和发表演说的唯一的人。每一个人只要拥有某一方面的经验，或者能够讲解某种艺术和语言，以及天体和土地的性能，都有讲话的充分的自由，如果他自己提议并且友好地表示希望讲演和规定出日期的话。宣读人也有讲话的自由，但不应该窃夺全部的权力，像用狡猾的贪婪和高傲来愚弄全世界的傲慢无知的僧侣所做那样。

要求每个讲授某种草木、艺术或人类的本性的人不说自己虚构出来的东西，而是要讲述靠自己用心学到的或通过对实验的观察得到的东西。

鉴于其他国家的人民所讲的语言不同，讲演有时要用别国的语言，有时也用本国的语言，使我们英吉利共和国的人民也能取得艺术和语言方面的知识，使每个人都会由于自己的勤勉而得到奖励，由于自己的聪明和对现存事物的探索而得到邻人的祝福和爱戴。

用这样的方法来讲述或宣读表现在每一件事物上的自然法（或上帝的法律），就是用纯粹的语言讲话，就是说出真理，像耶稣基督为了明确每一事物的尺度和地位说出真理那样。

这样，随着时间的推移，人们就能真正认识上帝，以便能够真心诚意地为上帝效劳，而这种认识是不会使人受骗的。

也许有一个勤勉的然而无知的教授会说，这样的人真是一伙低级的平庸的僧侣，他们只能使人们认识土地和自然界的秘密，而我们要竭力探寻的是精神的和上天的领域。我将回答说：

认识自然界的秘密，这就是认识上帝的事业，而认识创造物中的上帝的事业，这就是认识上帝本身，因为上帝寓于每一件看得见的事物中间。确实，如果你认识了精神的事物，那你就会知道，精神或者产生运动和促进发展的智慧和生命的力量怎样寓于这些事物之中，怎样支配着星球上的各种物体和天体中的行星，以及地面上的各种物体，如草、木、鱼、野兽、鸟和人类。因为撇开创造物而谈论上帝，或者想知道人死后除了化为他本身赖以构成的实体——火、土、水和空气以外，还会变成什么样子，这已经是超出了人的复杂身体所能达到的成就的范围或能力的一种认识。

如果有人虚构一个与创造物无关的上帝，或者臆想出人在死后的精神表现将是什么样子，那他就会像俗语所说，建造"空中楼阁"，或者为了蒙蔽人民的理智而对我们讲说月亮和太阳以外的世界。

我请你们自己回答这样一个问题，你们不从创造物的范围内来认识上帝，又是怎样来认识上帝的呢？因为既然造物主在其支配的整个范围内充塞于万物，既然你们自己就是创造物的一部分，你们不在自己所站的线上或地位上去找寻上帝，又能从哪里找到上帝呢？

上帝就存在于实际认识中间，而不存在于臆想中间；他在不断地运动，既在世界上的物体中，也在天国的物体中，或者同时存在于这两者之中，不管是黑夜还是白昼，不管是冬天还是夏天，不管是冷还是热，不管是在发展的物体还是不发展的物体中。

但是，当一种令人痛苦的臆想深入人心的时候，这种臆想就是恶魔，因为它是产生世界上一切邪恶和屈辱的根源；这个恶魔蒙蔽了人们的眼睛，让人们看不见人的科学，并向这种科学说，它应当相信别人写的和说的东西，而不应该相信自己的经验。当这种骗人的臆想控制了政府席位的时候，在人将要主宰心灵的日子里，它不外乎就是说空话，食言，发牢骚，贪得无厌，对模糊的思想和不满意的怀疑感到恐惧而已。

其次，如果你们看一看自己，再看一看所有学者的手法，你们就会发现，你们称之为低级的、庸俗的知识的那种人间享乐，也就是你们和所有学者（以及你们称之为凡夫俗子的人）所孜孜以求的。

为什么你们在买卖时这样贪婪地追求世俗的东西呢？当你们富足的时候，你们就认为自己是幸福的；当你们贫穷的时候，你们就认为自己遭到不幸。虽然你们也说，人死后天堂就是光荣的所在，在那里你们将直接见到上帝，但是你们还是不愿离开人间到那里去。

你们的牧师进行传教难道不是为了享受人间的幸福吗？法学家和其他的人拿征服者的司法做买卖，难道不是为了贪图人间的享乐吗？职业士兵难道不是为土地而打仗吗？不是把别人的祖国当做自己的国家，把别人赶走而自己开进去吗？所有的学者难道不都拼命地想得到土地，以便靠别人的劳动过养尊处优的生活吗？

你们难道不是把土地变成了你们养性怡情的地方吗？你们占有了土地难道在精神上不感到沾沾自喜吗？随后，你们还说，上帝对你们的生活方式表示满意，并为你们祝福。如果你们土地不够，变成了穷人，难道你们不会说，这是上帝生你们的气，对你们进行考验吗？

为什么你们要攒钱？为什么要吃喝穿戴？为什么要女人，要和她睡觉生孩子呢？难道这不都是世间低级的、庸俗的事情吗？难道你们不是和别人一样热中于并且正在做着这些事情吗？你们甚至比许多被你们称之为凡夫俗子的人做得还要过分。

如果你们是这样的情况，那么你们究竟在探求一些什么与众不同的精神事物或天上事物呢？你们对这些东西是不是知道得比别人多呢？如果你们的回答是肯定的，你们当然就要把世间的事情完全交给你们称之为凡夫俗子的人们去做，因为这是他们的事，而你们则待在自己的小天地里，让别人看到你们一尘不染，过着和平和自由的生活，不为自己工作，也不欺骗和强迫别人为你们工作，并且由于你们的一席真诚的谈话，把这些人也带进这样的精神生活。

够了，我已经做了应该做的事情。

现在，我们来研究一下你们的神，以及你们称之为天上的和精神的事物的教义，因为你们的讲话不是为了促进人们认识上帝，而是为了阻碍人们达到这种真正的认识。因为你们的神没有说出包藏在每一事物中的真理，他抛弃了对事物的实际的感性认识，而臆造或虚构事物可能会成为什么样子，从而就对真的或假的偶然性信以为真。这个神所说的话总是为了欺骗平民，强迫他们为自己做工，支持自己，而他自己的行动从来不像他希望别人对待他那样，因为他是一个只有舌头而没有手的怪物。

你们称之为精神的和天上的事物的这种神的教义，就是掠夺和抢劫。它进入俗人的葡萄园里把葡萄采摘一空，而且不是堂堂正正从便门进去的，而是用别的方法溜进去的。这种教义有两个内容：

第一，它大胆地解释别人的讲话和著作的含义，琢磨或推测别人的知识可能有什么内容，这样就使知识模糊起来，使写作和讲述它所解释的事物的人的精神受到损害。

第二，它要预言，人死后将会怎样，太阳、月亮等后面的世界是个什么样子，以及诸如此类的事情。假如有人说，阐明这些问题没有任何理性的意义，它就会说，你不应当用理性来判断天上的和精神的事物，而应当相信对你所说的东西，不管说得合乎不合乎理性。这种教义的虚伪，可以从三方面看出。

第一，这是病态的、软弱的精神的教义，这种精神已经无法理解为什么要认识创造物，以及自己的心灵与自然界的性质，因此，无论是在欢乐还是在悲伤的情况下，都使用想象的办法。

如果是欢乐占了上风，他就想象出个人的上帝、个人的天使，以及他本人与他的信徒死后前去的光荣地方。

如果是悲伤占了上风，他就想象出妖魔鬼怪和他死后将陷入的苦难的地方。对于这一点，他是说得非常有自信的。

第二，这是精细但又非常肤浅的头脑虚构出来的教义，这种教义把明智但不坚定的人弄得蒙头转向。明智而又通情达理的人虽然竭力自称为科学的巨匠，但又屡次被这一有关鬼神、天堂和地狱、死后得救和受罪的教义弄得心惊胆战；如果他的精神不很坚信自己对创造物的认识，或者他对自己内心的信念不很坚定，他就会努力用心去探求这种教义的奥秘，但又不能认识这一教义，因为实际上这不是科学而是臆想。他在这一教义上这样钻牛角尖，这样绞尽脑汁地苦思，就是丢掉了自己所有的明智，而变成了病人和蠢人。如果欢乐的情绪在他身上占了上风,他就高兴、歌唱、欢笑,能说会道,说些稀奇古怪的事情,但都是胡扯。当悲伤的情绪占了上风,他就变得郁郁寡欢,并且大叫大嚷说:他有罪,上帝离开了他,他死后要下地狱,他不能相信自己的使命和选择。在这种恶劣的情绪支配下,人往往会上吊、自杀或投河。如此看来,你称之为天上的、精神的事物的神圣教义总是使精神上脆弱的人、病人或被压迫者遭到痛苦,所以它绝不会是救世主基督的教义。

至于我,我的精神曾深入地探求过这种精神上的神圣教义的基础,我越是探求,我所失去的东西就越多。因此,我在没有知道这本书写的是什么以前,我就不能平静下来,就不能认识我的精神中的上帝。让我告诉你们,宣扬这种神圣教义的人,就是杀害许多不能说出自己所想的东西、但又保留着自己想法的那些可怜而羞涩的善良之辈的凶手。

第三,这个教义成了狡猾的哥哥掩盖自己政策的挡箭牌,为的是在土地自由问题上欺骗自己善良的弟弟。哥哥说:“我的兄弟,土地是我的,不是你的,因此,你不想向我租地,你就不能耕种,你不想拿我付给你的工钱来向我购买土地的果实,你就不能得到这种果实。如果你不这样做,上帝就不会喜欢你,你死后也就升不了天堂,恶鬼就会把你拖进地狱去受罪。”

如果弟弟反驳说:“土地是我的天赋权利,正如是你的天赋权利一样,创造我们两人的上帝是一视同仁的。因此,就没有发生你所说的那种情况的任何理由。我将像你这个哥哥一样,享受土地的自由,过着有吃有穿的生活。”

可是,哥哥说:“你不应该依靠自己的理智和认识,而应该相信书上所写的和牧师对你说的话。如果你不相信,对你的惩罚就会更重。”

弟弟说:“我不能相信我们的公正的造物主分配土地会这样偏袒,因为他知道我们没有土地就不能在世界上生存。”

哥哥回答说:“难道你是无神论者,是叛逆者,竟不相信上帝吗?”

弟弟说:“是的,如果我知道这是上帝说的,我就相信,因为我愿意为他效劳。”

哥哥说:“好吧,这就是上帝说的。你如果不相信他,就一定要受惩罚;你如果相信他,就一定会升天堂。”

这时,弟弟由于精神上软弱,对创造物和自身都缺乏可靠的知识,因而就害怕起来,允许哥哥霸占自己的土地;由于害怕死后下地狱而服服帖帖地成为自己哥哥的奴隶,一心希望这样可以升入天堂。这样,他的眼睛就被蒙蔽了,脑子也就迟钝起来。可见,这一神圣的教义是一种骗局,因为当人们仰望天堂,幻想享乐或是害怕死后下地狱的时候,有人就蒙蔽了他们的眼睛,使他们看不见自己的天赋权利是什么,看不见他们活在这个世界上的时候应该做些什么。这是梦幻的诱惑,是不会下雨的云。

的确,狡猾的僧侣知道,如果他们能用自己的神圣教义迷惑人民,使人民去追求天上的财富和死后的荣誉,他们就很容易继承土地,并把被骗的人民变成自己的奴仆。

你称之为神的和天上的事物的教义,不是基督的教义,因为基督的话是纯洁的知识,是生活的语言,他所说的是他与圣父一起看到的东西,因为他有关于上帝造物的知识,说的是真情实况。

这个神出现在基督之后，他模糊了基督的知识；这是宣扬非正义和基督的敌人的秘密的语言；这个贪婪的、野心勃勃的、阴险毒辣的神用这种语言来愚弄心地善良的人，使他们失去自己在人间应有的地位。

这种神用下列两种办法来愚弄心地善良的人：

第一，如果一个人根据国王的法律拥有财产，就会有人用这种诱惑的手段使他由于指望死后升入天堂而交出或者牺牲（即挥霍）自己的财产，把财产交给牧师，或者用于宗教的目的。

第二，一个人听牧师的传道入了迷，就会荒废自己的工作，弄得债台高筑，然后，他的当教师的弟兄就把他关起来，让他挨饿，之后，神就把他叫做伪君子和歹徒，并且摇身变为恶魔，在这个活地狱中折磨他。

当然，光明将会普照大地，用神的名义招摇撞骗的人将会说："不管我们的诱惑手段多么高明，人民绝不会听信我们诱惑的呼声。"所有的牧师、教士和宣扬他们称之为神的、上天的事物的人，就注定会发出一片呻吟：巴比伦大城，神的雄伟的城市啊，你这个以法术笼罩着整个大地、迷惑了各个民族、使得全世界都向这头猛兽跪拜的城市，哀哉，哀哉！它一时之间怎样倒塌、怎样受到审判的呢？这一些事情，你会从《启示录》第十八章第十节中看到。

邮局局长的职责

整个共和国境内的每个教区都要在选举其他公职人员的同时，选出两个人来担任邮局局长的职务。由于有东、西、南、北四个方向，每个主要城市都要选出两个人来领取本国东部邮局局长交寄的东西，另外选出两个人来领取本国西部交寄的东西，两人领取北部交寄的东西，两人领取南部交寄的东西。

农村邮局局长的职责如下：每月都应当从自己的教区和主要中心区顺着河道发出消息，报道发生了哪些不幸事件，发生了哪些给共和国带来荣誉或耻辱、害处或好处的事情；如果哪个月没有发生任何值得记载的事情，他们就要记上一笔，说某个教区平安无事，秩序正常。

在有关的邮政局长从本国各地发出了自己的文件后，收到这些材料的人就按顺序把它们抄录下来，一个教区抄完，另一个教区接下去抄，就像记“监督周记”那样。

八个收件人尽快地把本国四面八方发生的事件记在一个本子上，这样，就利用这个记事本把这些事情通知每个邮局局长，使他们来的时候带着有关自己教区的事件的书面材料来，走的时候带着有关全国的事件的书面材料走。

这样做的好处是，国家有一个地区发生了鼠疫、饥荒、敌人入侵、暴动或其他不幸事件，其他地区就可以很快知道，前去支援。

假如某一不幸事件是由愚蠢行为和玩忽职守造成的，其他地区就可以事先引起警惕，防止发生这类危险。

如果有人由于勤奋或聪明而发现了自然界的某种秘密，或对某一行业和耕作等方面有所发明创造，使共和国可以在升平和富裕中繁荣昌盛起来，同时这些人由于这些功绩而在他们所在地区赢得了荣誉，那么，全国其他地区听到这个消息以后，就会有许多人因此而更加开动脑筋，发挥自己的技能，努力做出同样的贡献。这样，随着时间的推移，由于国王压迫制度长期的残酷压制而至今还没有人知道的自然界的秘密就不再成为秘密，而将被人一一揭示出来，为我们共和国增光。

共和国军队的征集

如果教区、郡和国家的居民的种种需要促使人民选出公职人员来维护普遍的和平，那么，同样的需要也将使人民对自己的公职人员说：

"你们为了我们共同的安全来监督我们遵守法律的情况，而我们则来帮助你们，保护你们。"

"帮助"和"保护"这两个名词的含义是，在敌人入侵或自私的公务人员或愚昧无知的人民发动暴乱或骚扰时，人民将武装起来保卫自己的法律和管理有方的公职人员，或是起来镇压任何蠢人为破坏我们的普遍和平而煽起的叛乱。

可见，正如必须建立普遍和平这一规律曾促使人民选出公职人员和颁布法律来作为政府的指南一样，必须进行普遍自卫这一规律现在又要求征集军队。因此，在共和国内，无论是军队还是公职人员，都服务于同样一个目的——必须确保普遍的安全。

军队分为两种：管理军和作战军

所谓管理军，就是在和平时期保护国家和政府的和平的审判官，其办法是履行作战军在战争中用自己的鲜血从压迫者手里夺回来的法律。

这里，从一家之长到议会议员，所有的公职人员都是军队的首领和领袖，而起来保卫和帮助自己的公职人员、保卫良好的管理制度的全体人民,则是军队的士兵。

根据普遍公正的法律,每个人都可以在自由利用土地的情况下享用自己的劳动果实,而不会受到其他人的限制和压迫。如果审判官把执行这条法律作为自己的基础,那么,他们就会使各国人民得到快乐。

其次,叫做野战军的作战军是适应保卫国家不让外国侵入或免遭不堪忍受的压迫的需要而建立的。这种侵入和压迫促使人民建立军队,把蜕化变质的公职人员或居心不良的人斩首和碎尸万段,因为他们只图私利用不谋求普遍的自由,并且背信弃义地力图废除共同自由的法律,使国家与共和国人民屈从于他们的个人意志和食欲。

这种战争叫做瘟疫,因为它是由人类心中的贪婪、傲慢、虚荣心和嫉妒心的可诅咒的发泄所引起来的。因为这种心理既然不是统治其他人及其劳动的主宰,就不愿意接受某种自由公正的秩序的温和监督。

现在,人民正起来保卫自己忠实的勤务员,反对他们那些不忠实的同事,以保卫自己的法律和普遍的和平。

共和国作战军的任务或使命就是镇压所有想葬送共和国的自由而举行暴动的人。如同在君主国时期军队被用来压服所有起来反对国王所有制的人一样,在自由共和国时期,军队应当被用来反击或消灭所有想支持国王奴役制或使其复辟的人。

作战军有两个使命。一个是抵抗外敌。外国敌人的侵入只能有一个目的,那就是占领我们的国家和土地,不让我们自由使用土地,他们则变成骑在我们头上的国王和地主,而把我们变成他们的奴隶。

征服者威廉占领英国以后，不仅把土地分给了自己的士兵，而且把领地内的所有男人及其妻子儿女都送给自己的领主任意使用。基于这个原因，现在就应该征集一支军队，使外国人不能侵入，使我们共和国其余一部分弟兄在我们的军队（它是我们本身一部分）保护下能够在自己的共和国内耕耘、播种、收割、享受自己劳动果实和过和平的生活。

第二个使命是：如果某一个国家被占领、被奴役，像英国被自己的国王及其侵略性的法令所奴役一样，那就应该尽量秘密地把军队召集起来，使自己的国家得到复兴和解放，使土地能够成为本国一切孩子（不论他是什么人）的共有财富，就像没有实行国王奴役制以前一样。关于这种奴隶制，你们在《撒母耳记上》第八章中可以看到。

这种战争叫做国内战争。这是英国平民反对现在已被推翻的查理国王的战争，因为查理国王及其法律是诺曼人占领英国留下的世袭权力。

现在，在本世纪，英国的平民已经建立了军队，摆脱了诺曼公爵的征服，重新用武力夺回了自己的法律和自由，只要他们不让自己受国务会议的愚弄，不被它根据新的理由把他们拖回到奴隶制度去就好了。

英吉利共和国的军队，你们要密切注意这一点！

敌人不能在战场上战败你们，但他们在议会中运用政治手腕来战败你们是轻而易举的，如果你们不团结起来建立普遍自由的话。

如果国王的威信在你们的法律中重新得到恢复，那结果就会证明，查理国王已经运用政治手腕征服了你们和你们的后代，战败了你们，尽管你们表面上砍掉了他的脑袋。

国王的力量不存在于他的表面可见的肉体上，而存在于他的称之为君主统治的意志、法律和权力上。

如果你们废除了国王的管理制度，代之以真正的自由的共和管理制度，你们就会得到自己的王位。保持住这个王位，使你们的后代可以得到和平，事情只能是这样，而不能有别的样子。不同的目的决定了战争是合理的还是不合理的。

可能有凶手和罪犯的军队

如果募集军队是为了推翻国王的压迫，如果军队的首领曾经答应给被压迫的人民以共和自由（只要被压迫的人民能够帮助这些首领，比如自己参加军队，或是出钱），如果人民真正能够提供帮助，战胜了暴君，那么，这些首领就应该受到法律的约束（法律是上帝），履行自己的诺言。如果他们不能把国家从国王的压迫下解放出来，而是为了自己的利益保留一部分王权，从而使他们的一部分朋友像在国王统治下一样遭受深重的奴役，那么，这些首领就不是共和国的忠实士兵，他们就比强盗和暴君还坏，比被他们推翻了的国王还凶残；他们就要再次失掉战胜共和国的压迫者以后所得到的一部分权利，因为他们违背了对自己的被压迫朋友许下的诺言和承担的义务，而这些朋友却曾经帮助过他们。有一个人对我说，如果我能帮助他，他就答应把我从暴君的统治下解放出来，可是当我把自己的财产、鲜血和健康贡献出来，然后根据他对我所承担的义务等待得到一份应得的权利的时候，他却登上了王位，把土地攫为己有，说土地是他自己的，而不是我的，并对我说，他受良心的驱使，不能允许我和他一起享有土地的自由，因为这是别人的权利。请问，这种人同那些像一切征服者那样用法律和言行宣布自己是暴君的公开暴君有什么区别呢？

这时，我的健康和财产已经丧失，我的年龄日增，我不是恳求别人施舍，就是为别人打短工，但我所受的教育从来都没有要我去做这种工作。同时，土地是我的自由遗产和天赋权利，正如是我不得不为他们做工的那些人的自由遗产和天赋权利一样。如果我无法依靠自己衰弱的劳动力过活，那就应该去拿我所需要的东西，就像基督由于需要而派人去牵那头驴一样。毫无疑问，他会凭借国王和法律来把我当做小偷吊起来。

但是你，一切创造物的正义之神，请你费神来判断一下，我们中间究竟谁是小偷。是他还是我？他从我的手里夺走了作为我的天赋权利的使用公地的自由，而这种自由正是我通过亲身参加斗争和捐出自己的资产（他拿走我的资产代替工资）的途径帮助他从压迫者国王手里夺回来的；我占用村社的土地是为了进行播种以维持自己的生存，希望在自由共和国的正义与和平的环境中过一个自由人的生活。

这样的士兵，这样背信弃义的人，既不可能成为创造物的朋友，也不可能成为某一个共和国的朋友，而是一个自私自利之徒，是伪君子，因为他进行战斗不像在他的诺言中虚伪地声称的那样是为了把土地从压迫者的奴役下解放出来，而是为了把政权从别人手里夺取过来，掌握在自己手里。这完全像在野兽中所看到的情况一样,因为野兽夺取统治和保持这种统治,并不是为了解放谁,而是要统治和宰割弱者。这是君主制的士兵,而不是共和制的士兵。这样的士兵是凶手,他们的军事行动是非法的。

可是,具有真正崇高精神的士兵将会帮助弱者,解放被压迫者,对自由共和国的繁荣像对自己百花盛开的花园那样感到欢欣鼓舞。君主制的军队缺乏这种真正崇高的精神。这种军队是由自私自利之徒拼凑而成的;好人在其中像荆棘一样,最诚实的人像木刺一样。请你们,旧约的先知们,证明一下情况是不是如此。

君主制军队抬高山峰,蹂躏河谷,换言之,它抬高暴君,践踏被压迫者,把他们挤到贫困的死胡同里去。

而共和国的军队像把山峰与盆地拉平的施洗礼的约翰一样,要推翻暴君,提高被压迫者的地位,从而为走向和平与自由铺平道路,使被压迫者能够执政和继承土地。

综上所述,英国可以看到,军队在什么情况下所做的事情是好的,在什么情况下它会带来祸害。

第　五　章

学校教育和学习手艺

年轻人就像马驹一样,在没有被教育和惩罚制服以前,总是不驯顺的和愚笨的。对这个问题采取轻视的态度,就像对解决这个问题缺乏足够的明智一样,一直是世界上产生深仇大恨和发生骚乱的原因。

因此，共和国的法律要求不仅父亲，而且所有的监督人和公职人员都有责任教育儿童，用正确的守则教育儿童，并要他们学习某一种手艺，使任何一个教区的儿童不致像许多人那样虚度光阴，使他们受到人（而不是野兽）所应该受到的教育，使共和国能够由勤劳的、聪明的、有经验的人建立起来，而不是由愚蠢的懒汉建立起来。

人的年龄分为四个时期：幼年、青年、成年和老年。从出生到四十岁可以算作幼年和青年时期。在这个时期，从婴儿断奶起（母亲用自己的奶喂孩子，如果母亲没有什么先天的缺陷妨碍做到这一点的话），双亲就要教育他，使他对所有的人都采取亲切的、谦逊的态度。然后，双亲把他送到学校里去学习共和国的法律（他的智力在学校里逐渐成熟，从幼年期逐渐进入青年期）一直学习到熟悉了所有的技艺和语言为止。这样做有三个原因：

第一，他们熟悉了有关世界的形势的材料，就可以利用这些积累起来的知识，成为有理性的人，从而比较有能力来管理自己；

第二，他们依靠这一点可以成为优秀的共和主义者，由于熟悉管理制度的本质而对管理工作能够给予帮助；

第三，如果英国要派遣使节去别的国家，我们就可以挑选熟悉这个国家的语言的人去；如果有别的国家的使节到英国来，我们就会有懂得这个国家的语言的人来接待他们。

但是，同类的儿童不会只是学习书本知识而不做其他事情，他们不会成为君主制度下的那种所谓烦琐哲学家。在君主管理制度下，人们由于不爱劳动和不爱动脑子，把时间都用来设法使个人飞黄腾达，成为骑在自己劳动弟兄头上的领主和主人，就像占星家西蒙和列非特人那样，因而成了世界上一切动乱的根源。

因此，为了避免发生书呆子的游手好闲这种危险后果，在孩子受过学校教育达到智力成熟以后，再把他们送去学习一种他们的智力和体力都适合的手艺、技术和科学，并且一直学到四十岁为止，这对普遍的和平是明智的、安全的。

因为地里的全部工作和手艺工作，都要由青年人和失掉自由的人去做。然后，从四十岁起到八十岁止（如果人能活到那么大年纪），也就是说，从成年起到暮年止，他将免除任何劳动和义务，如果他自己不愿意承担的话。

应该从达到这一年龄的人中选举所有公职人员和监督共和国法律执行情况的监督人。

所有的人在四十岁以前都应当成为工人或仓库保管员。因此，他们在未满四十岁时，都不能被选为公职人员，因为人到了这种年龄才取得了管理自己和别人的经验；年轻的聪明人选到政府里去，很容易产生骄傲自大，等等。

人应当学习哪些手艺

凡是可以帮助探寻创造物的秘密和提供如何正确管理土地的知识的任何一种手艺、技术或科学，都可以学习。

所有的技术和科学都有五个来源；谁要在一个或所有五个方面从事活动，谁就是人类的有益的儿子；谁只是袖手旁观和空谈他读过和听过的东西，而没有把自己的才干应用到某种个人的活动上来提高生产率、发扬世界上的自由和和平，谁就是无益的儿子。

第一个来源——合理耕种土地，以便提高土地的肥力，这个部门叫做农业。农业有两个分支：

第一个分支——耕种土地，开垦荒地，施肥，施石灰肥，烧树木草根，耕耘和合理翻耕土地，使土地能够适于播种，得到丰收。在这些工作的领导下，所有的制粉工人、制麦芽工人、制面包工人、制马鞍工人、造犁和大车的工人、制绳师傅、纺织工人等等，形成良好的农业。

农业的第二个分支——园艺业，即种植、剪接与培植各种果树及平整土地来种花、种草和种菜以供欣赏、食用或医疗用的技术。在这里，所有的医生、外科医生、制造各种烧酒的人、配制药剂的人、酿酒者、榨油者、制造各种水果罐头的人等，都可以通过观察来研究，怎样做才对所有的生物（不管是对人还是对动物）更为有利。

第二个来源是矿业，就是勘探土地，寻找金、银、铜、铁、锡、铅、煤、其他矿石、硝石、盐、明矾等等的产地。在这里，所有的化学工作者、火药制造者、石匠、铁匠等等，发现土地的潜力和财富以后，就可以研究如何把这些宝藏用来为人类谋福利。

第三个来源是合理饲养牲畜，不管是牧人还是牲口的主人，都应该这样做。在这里，可以学习怎样饲养与培育奶牛、羊、供乘骑用的马和拉车用的马。所有的皮匠、帽匠、鞋匠、手套匠、纺羊毛匠、呢绒匠、成衣匠、油漆匠等等，在这里也可以学习怎样看管和照料牲畜。

第四个来源是整顿林业，培育用材林，种植、砍伐和培育林木，锯开木材做各种用途，如建造房屋和造船等。

在这里，所有的木匠、家具匠、制造各种生产工具、犁耙和乐器的人，以及所有从事林业和看管用材林的人，都可以研究自然界的秘密，使树木长得更粗更壮、更快、更有利于生产。

第五个来源即智慧可以从中学习到自然界的秘密的来源，就是观察太阳、月亮和星球的升落、潮水的涨退，研究海洋及其各种作用、力量以及对人和动物的身体发育的影响。在这里，还可以研究天文学、气象学、水利学、风的运动和天空各种变化（暴风雨和有利于航海的天气）的原因。

从所有这五种来源吸取实际知识，这是好事。

但是，还有一种传统的知识，这种知识不是通过实践而是从读书或向别人学习中得来的。这种知识使人游手好闲，其中没有什么有益的东西。

第一种是积极的知识，这种知识保持普遍的和平。上帝本身也活动于其中，因为当他使用自己的创造力量创造万物时，他本身也就对实践贡献出了自己的智慧：上帝是一种积极的力量，而不是想象中的幻想。

后一种是游手好闲的、无所事事的静观，而烦琐哲学家却把这种静观叫做知识，但这不是知识，而只是徒有知识外表的东西，就像鹦鹉学人说话，并不知道自己说了一些什么。这只是一种满足于读书和静观的表面的知识；它听别人怎么说，自己也跟着怎么说，可就是不动手去做。从这种传统的知识和学习中产生出了僧侣和法学家，这种人仗着自己能言善辩，完全依靠别人的劳动过活。他们制定出了一些自己不想遵守的法律，这些法律使别人痛苦，可是触动不了他们自己的一根毫毛。因此，世界上就产生了各种压迫、战争和混乱；一种后果产生纠纷，另一种后果造成黑暗，但不管是前者还是后者，都是奴隶制的支柱，它压在万物之上，使它们在下面发出呻吟。

因此，为了防止发生游手好闲和运用阴谋诡计进行欺骗的危险，要孩子学会一种手艺和一种体力劳动，学习各种语言和历史，对共和国是有利的。

男孩学会读书和劳动，女孩学习读书、缝纫、刺绣、纺织麻布和毛线，学习音乐和其他精巧的工作，以便一方面用麻织品和毛织品充实仓库，一方面用手工艺品装饰个人的住宅。

如果这个纲领被通过，国内就不会有游手好闲之徒，也不会有乞丐，许多工作就会由那些现在无所事事的人去做，国库的收入也就会大大地增加。

在领导某种手艺的时候，不能使聪明能干的年轻人在发明创造方面受到阻碍，如果有人想用新的方式把自己的知识运用到手艺或科学中去，监督人就不应该阻碍他，而是应该鼓励他，从而使人的认识精神得到充分的发挥，以便来发掘任何技艺中的一切秘密。

应该使每一个有新的发明创造的人都得到应有的荣誉。无疑地，当人们有吃有穿的时候，他们的智慧就会成熟，就会去探求万物的各个方面的秘密；当人们担心挨饿受冻和只想着怎样向监工交租的时候，就不会出现许多稀有的发明创造。

王权就这样压制了求知欲，使它不能达到尽善尽美，而且依靠棍棒的法律来推崇无非是一种骗局的想象精神。

不能买卖土地及其果实

在国王政府的统治下，骗子手用卑鄙的手法剥夺了善良人们的天赋权利，把他们的土地攫为己有，从而造成使许多人痛苦的赤贫现象。

本来聪明人应该帮助蠢笨的人，强者应该帮助弱者，而实际上聪明人和强者却使蠢汉和弱者破产。

所有的儿童在没有达到成年以前，在有关他们的世界的一切方面，都是单纯、软弱、没有经验的。但是，不等他们长大到能够理解事物的时候，具有更大力气和更多主意的狡猾之徒，就用虚伪的不正当的骗人的买卖技巧，抢走了他们使用土地的自由，夺去了他们的天赋权利。

因此，当他们认识到自己成为肥田沃土上的乞丐的时候，就相信这样一句俗话："诚实是无价之宝，但是谁要诚实，谁就会饿死。"为什么呢？

因为买卖产生了骗子手：这是征服者的法律，是杀死基督和阻挠他复活的收税人和伪善者的正义。他们说什么黑暗能够驱散光明。

而这种狡猾的骗子手往往成为土地的管理者。这时，城市居民就只好哭泣，因为被任命为公职人员和管理者的总不是聪明的穷人，而是狡猾的富人，富人由于同掠夺来的土地有利害关系，所以一定要使别人成为贫困的奴隶，依附于他们和他们的集团。

由此，世界上也就产生了对弱小的弟弟的压迫和蹂躏，就像俗话说的，他们由于自己狡猾的哥哥而真正成了弟弟。正如但以理所说："在国王管理制度下，执政的是只会发号施令而自己并不服从命令的最坏的人，他只会掠夺别人的劳动果实来过养尊处优的生活，而自己却不劳动。"

因此，在自由共和国，既不会有买也不会有卖，谁也不会雇用自己的弟兄来为自己做工。

如果可以不要买卖而能管理共和国，那么，人类使用土地的最古老的公正法律和最高的土地自由就将成为共和国管理的纲领。如果人民由于在使用土地方面存在贪婪和无知，因而想通过买卖来管理土地，那么，这个纲领除少数条款外，就提供了一个简便的管理土地的方式，来安抚人民的思想和保持国内的和平。

作为小贩，我要抬高物价，
但我要提出一个忠告，
如果它对你来说
适用于交易的话。

应该怎样耕种土地

应该依靠每一个家庭来耕种土地，收割庄稼，并把粮食运进仓库；如果哪一个人或哪一个家庭需要粮食或其他产品，他们可以到仓库去取，不必付钱。如果他们要骑马，夏天就到原野上去、冬天就到公共马厩里去向监督人借用，骑完以后把马送还，不必付钱。如果有人需用食品或肉类，就到肉店里去领，不用付钱，或是到放牧牛羊的地方去，挑出他们的家庭需要食肉的牲口来宰杀，而不必通过买卖。

所有这些土地上的财富都是公共财产，原因如下：耕耘土地的工作，以及地里的一切活茬，都是每个家庭不必通过买卖而共同去做的，这点在有关各种手艺的监督人的职责的那几章和仓库法中，已经比较详细地谈过了。

关于正确管理的法律，监督法律执行情况的公职人员，每家和每个人的和平的维护，每种手艺的改进和发展——这一些在关于公职人员的职责一章中已经谈过，在下面关于法律的一章中还要谈到。

任何人都不会反对这种自由，因为这种自由实际上就是说，一个人要像自己希望别人对待自己那样来对待别人，但是要除去古代贪婪的征服者法利赛人那种贪婪和傲慢的精神。这些人在自己的说教、祷告、斋戒和谢词中间，向上帝说了多少好话，似乎上帝除了他们而外再也没有更忠实的奴仆了。实际上，他们却在避免同别人接触，并把所有不想崇拜他们如此赞扬的上帝的人投入监狱，加以杀害。

现在，上帝和基督制定了一项永恒的法律——友爱的法律。不仅志同道合的人要互相友爱，而且对自己的敌人也要友爱，这就是说，要爱同你们思想不一致的人，要使人们吃饭穿衣的要求得到满足。

现在，你们面临着一个考验，看你们是不是忠于上帝和基督，是不是遵守他的法律，还是你们要在上帝复活的时期就把真正的自由、公正和和平的萌芽消灭掉。

现在，你要么马上就像一个兵士那样背叛我们，调过头去返回埃及，从而宣布自己是要咬伤基督脚跟的那条毒蛇的后代的一支，要么，马上就成为《圣经》的忠实儿子之一，成为基督的信徒，帮助砍掉毒蛇的头即国王的压迫，从而把永恒的正义与和平带到人间。看吧，现在你的眼睛已经睁开了。

到处兴建仓库并使之成为公共的库房

无论是在农村还是城市，将到处兴建仓库。土地的全部果实和手工业者的所有产品都要先运进仓库里去，然后再按照需要发给每家和每个人使用，或者用轮船把这些产品运到外国去换取我国不生产的物品。

国内所有经济人员和手工业者的劳动果实，以及从外国运来的货物，都将作为公共的储备。既然每个人都是为了充实公共储备而工作，每个人就可以自由利用仓库中的任何一件物品，以便满足自己的需要，保证过富裕的生活，不必通过买卖，也不受任何的限制。

人生在世，除了要衣、食、住并和志同道合的人愉快交往而外，还要求什么呢？实际上，贪婪的、高傲的、禽兽一般的人却要求很多的东西，他们要求这些东西不是为了摆在旁边供自己欣赏，就是为了把它们消耗掉，随心所欲地把它们糟蹋掉，使其他弟兄由于缺少这些物品来满足自己的需要而过着贫困的生活。

可是，自由共和国的法律和忠实的公职人员将限制这类人的无理智的行为。

有两种仓库：主要仓库和专门仓库

主要仓库，这是存放大批各种日用品的房屋，如在庄稼收割后存放粮食和土地果实的粮仓和场所。这些房屋可以叫做粮食、亚麻、羊毛或皮革、铁、麻织品和毛织品或各种航海用品的仓库。每个家庭或商店经理将按照需要和为了供应较小商店的物资而从那里领取东西。

此外，牧场的畜群、羊群、马群都是公共财产，因而每家都可以不用买卖而从畜群、羊群中得到自己所需要食用的或作其他用途的牲畜。

同样地，一切公有的干酪制造所都是储存奶油和干酪的仓库，但是每一家都可以在自己宅旁养牛供自己需用。

同时，这些主要仓库都将依靠共同劳动和每家的支援来得到充实和维护，这一点在有关各种手艺监督人的职责的各章中已经谈过了。

所有手艺人都可以按照需要从这些作为国家主要仓库的公共建筑物中领到自己个人工作用的材料或自己家庭用的一切日常用品。

第二，还有专门仓库或商店，手艺人可以把自己的制成品送到那里去，例如把铁制品送到铁器店，把帽子送到有关的店铺，把手套、鞋、小块的麻织品和毛织品送到各个专业商店里去，如此等等。

现在，在英国各城市和中心区，都有叫做店铺的专门做买卖的地方，它们今后还会保存下来，只是充实和分发物品的制度有所改变，因为过去根据国王和征服者的法律，收发货物是通过买卖来进行的，是用印在金银货币上的征服者的肖像或其他印记来换取土地的果实的，而在将来，根据共和国的法律，商店经理将不必通过买卖而自由收发商品。

商店经理将把商品接收下来，送进仓库，当个人或家庭来领取他们所需用的东西时，则从公共仓库提出这些商品自由发给他们，正如现在在国王管理制度下通过买卖所做的那样。

但是，由于个别家庭和手艺人生产出来的东西比他们能够使用的来得多，他们就把个人的产品例如帽、鞋、手套、袜子，麻织品、毛织品等等送到仓库里去。

因此，他们到别的仓库去领取他们所需要的而自己不能生产的其他日用品，乃是非常合理和正当的。既然别人领取了他的一部分产品，那么，他去领取别人的一部分产品是完全合情合理的。

所有这些仓库和商店都由专门选出来做保管工作的人员负责看管，这在有关各种手艺监督人的职责各章中已经谈过。因为有人比较长于劳动，有人比较长于保管仓库商店和收发日用必需品的工作。所有这些简单的工作可以叫做对某种仓库的保护。有些人可以保护粮食仓库，有些人可以保护麻织品和毛织品仓库，有些人可以保护皮革库，有些人可以保护小五金店。这样一来，大家就会像现在这样，知道所有主要的、专门的日用必需品放在哪里，存在哪个仓库和商店里，从而使各城市和中心区，以至于几乎每个家庭都变成存放供全共和国使用的和运往外国的某种消费品的仓库。

这种自由流转将抑制贪婪、高傲和压迫。在人们存在买卖法的时候，就像我在前面已经讲过的，狡猾的骗子手会借助别人的劳动来占有更多的领地。他们凭借这种办法成为富人以后，就会变成统治自己弟兄的领主——压迫者，这就会在各国人民中制造混乱和战争。

你们责备自己的弟兄，说他们不相信基督的存在，好像你们是唯一热爱基督和始终忠于基督的人。现在请你们到这里来吧。

这是对你们的爱的考验：看看你们是不是像你们希望别人服从你们的国王奴隶法那样服从自由法，而自由法就是基督的圣训。你们可能会大发雷霆，或者是垂头丧气地走开。基督难道没有对你们说过，要是你们有吃有穿就该心满意足吗？这也就是你们以及你们弟兄的普遍和平、丰衣足食、心满意足和喜悦欢乐之所在，这样，就不会有人请求布施或者饿死，或者过着饥寒交迫的生活了，这也就是基督的正义法律——要像希望别人对待自己那样对待别人——的实现。而基督这条法律在你们没有实现共和自由以前，是永远不会实现的。

现在，当圣子就要出世的时候，事情已经非常清楚，或者是你们赞同那创造自由、正义和和平的精神的基督，或者是回到君主制度去，重新赞同仍然存在的埃及奴隶制。死活两条路摆在你们面前，任你们选择，看你们愿走哪条路。但是要知道，如果你们的正义不超过国王和领主这些收税人和法利赛人的正义，你们在精神上就永远不会得到真正的和平。

旧的国王法律不能管理自由共和国

这种法律不管是在奴隶制时期还是在自由时期，都不能进行管理，尽管它们替许多老爷、天主教徒、新教徒效劳过。它们很像老兵，只是改换了名字，骨子里却原封不动。这是因为它们在任何宗教中都反映了这样一些人的意志的统治，这些人认为如果不在压制自己弟兄的智慧、个性和劳动的基础上过阔绰的生活，便觉得自己不自由。

这些法律之所以叫做王法，乃是因为它们是国王颁布的。如果有人说，这些法律是平民颁布的，就会有人回答说：这不是平民颁布的，因为自由共和国的平民还应当颁布法律。

因为在国王统治时期，除了取得圈地证或国王（他把土地攫为己有，因为他是征服者或是征服者的继承人）统治时期贸易特许证的领主和自由持有农之外，谁也没有选举过别人，自己也没有被人选举为议会议员和立法委员。

所有下层的人既不能参加选举，也不能被选举，因为所有取得特权证明的自由持有农都站在国王一边，而下层的人从被征服之日起，总是处于被征服者的地位，总是奴仆和奴隶。

这样选出议会以后，如果有哪个议员由于内心的正直竟违反国王的意志，力求实行某种自由法，或是恢复被征服以前的旧习惯，那么，国王就会下令把他监禁起来，不然上议院（它曾经是国王的古诺曼人的世袭军事会议）或者国王本人就会解散议会和取消它的职权。

可见，旧的法律是在国王奴隶时期而不是在共和自由时期颁布的，因为议员要考虑国王特权的利益，支持他的征服，不然自己就要遭到危险。

目前有时也发生这样的情形：有些公职人员不敢反对当权人物的意见，每个士兵不敢反对自己长官的意见，否则他就会失掉自己的差使，没有办法生存下去。

只要立法者把实现国王的意志和特权作为自己的目的，被压迫的平民就不能享有共和国的自由。

但是，由于某些议会活动家的英明、勇敢、正确和热情，平民还是取得了一项自由的条款，于是这一条就被载入他们的法律。大宪章中有关自由的那些好的条款，就是作了很大的努力、经过不屈不挠的斗争才定下来的。

这些法律所以是王法，还因为它们是国王的走卒制定出来的，或者因为领主、自由持有农等等是被征服时期诺曼士兵的继承人，因而也只能支持他们自己的利益和自己国王的利益。

难道我们没有看到，在国王统治下颁布的一切法律都有利于富裕的地主吗？贫苦的农民迄今还是奴隶，而且按照这些伪善的法律，还不能享有任何使用土地的自由：当法律颁布出来而议会不再存在的时候，被压迫的穷人没有受到保护，而剥夺他们自由使用村社土地和权利的领主的政权却依然存在，并且按照征服法，不征得领主的同意，谁也不能使用村社的土地。因此，旧的法律叫做王法。

这些旧法律不能管理自由共和国，因为国家现在要从诺曼人的占领制度的奴役下解放出来，而领主和诺曼人的自由持有农的政权应当被推翻，否则平民还是像过去一样，甚至比以前还要贫困。旧法律绝不会换上另一副面孔，即使用共和国的水洗过脸，其内容还是像过去一样枯燥乏味。难怪国王要用法文或拉丁文而不用英文来制定他们的法律。这样做一方面是由于对诺曼种族表示尊敬，另一方面是为了要使平民认识不到他们的天赋自由，使他们不会起来要求自己的解放。即使这些法律是用英文制定的，国王的那些原则还保留在里面，那么，英文也丝毫不能给我们帮什么忙，反而会使我们由于认识到自己遭受的奴役而更加痛苦。

什么是法？

法是人和其他创造物在自己的行动中为了保持普遍和平而遵

循的规则。这种法有两种意义。

第一，这个推动人和动物的生命力(叫做创造物中的自然法)，促使草木、谷物等植物在一年四季中生长。任何一种生物的行为都受这一内在法的推动。这种自然法通过两种方式即无理性地和有理性地发生作用。

内在法使人生儿育女，每时每刻都出于贪婪的自私心理而像愚蠢的孩子或疯狂的野兽一样，不加考虑地急于满足自己的需要。身体常常因此而受到摧残，这叫做同理性的法斗争的四肢的法。

当对一切行为的动机进行内在的、仔细的观察，通过这种观察去衡量这种行为的结果，使之不致因暴饮暴食、讲话和行动过多而危害人的本身或其他人的时候，这就叫做“人的光辉”、“理性的力量”或“理性的法”。这种法是通过试验和对和平与纷乱进行观察之后而在心中产生的，而这种纷乱是人由于某种言论、思想或行为而被卷进去的。这种法叫做“最高的胜利”，因为这是人心对古代的无理智力量的胜利，是“人类良知的证明或呼声”。

人们经常说根据法或根据《圣经》之类的话，因为这种有节制作用的自我控制就是那个自然法，只不过是比前者具有更高的形式而已。这种法有很多名称，为了节省篇幅起见我都略而不谈了。

法在人的内心中的这两种作用都竭力利用著作来使自己占据优势，以便争取尽量多的拥护者。哪一支力量能够募集到更多的人，那一支力量总是居于统治地位，就像国王和上帝互相争夺对创造物的统治权一样，像光明和黑暗在白昼和黑夜中相互斗争和相互代替一样，或者像所谓“一个强有力的全副武装的人征服了人的心灵，但会有另一个更强的人起来赶走他”。

这个由理智或愚昧产生的成文法叫做法律条文；上帝所创造的人、野兽和土地都被这一法律秉承执政者的意志管理着。反对者把它叫做“进行屠杀的条文”，而和这一法律趣味相投的人却把它叫做“生命的语言”。

例如，执政者是一个有经验的、聪明的、有能力的人，他就会发表自己的意见，撕毁没有经验的人制定出来的贪婪而高傲的愚昧法律，保持共和国的和平。这就叫做“历史的或传统的”法律，因为它以成文的形式一代一代地传下来。以色列共和国的法律是摩西写在书上传给后代的。

这种外部的法是对愚昧无知的抑制，或者像所罗门所写的，是“抽在愚人背上的鞭子”，而且只是为愚人而增定的。

自摩西时代以后，愚昧无知的贪婪和高傲的力量有时重新抬头，歪曲了这种传统的法。

既然刀剑的力量在各民族中抬起头来企图进行征服，成文法就不能提出人类的普遍自由，不能蔑视无理性的专横行为，而且法律要制定得能够支持征服者的专横(不管公正还是不公正)；它不是要尊重共和国的自由，而只是要尊重征服者及其朋友的自由。这样，沉重的奴隶的枷锁就套在心地善良的人们身上。而像摩西那样有社会思想的人，就遭到摧残，他们的精神就被压制。这首先在各国人民中间引起不满，后来就引起战争。

那些征服者的宠臣则以伪善和谄媚行为讨取国王的欢心，以便从国王那里得到尽量多的土地；只要他们能够发现哪个农民有反对称之为法律的征服者意志的行为，他们就会加重对他的奴役。现在，人们都在埋怨，而且我们也看到，王法始终都是为了惩办平民最愿意做的那些事，在法院开庭期中给他们设下圈套，使那些支持国王的法学家和僧侣能够得到金钱，靠他人劳动来过富裕的生活。

这就违反了一个管理有方的共和国的真正本性，国王的意志就占据了法律的地位，而正义的法律和自由的法律却被践踏和消灭。

传统的王法就是这样一些条文，它们现在扼杀了自由，成为战争和迫害的根源。

这是一些把基督的衣服撕成碎片的士兵，而基督的衣服本来应该是天衣无缝的。这一条法律唆使人们互相争斗，为的是争夺这些衣服的碎片即各种圈地，也就是要占有土地，成为统治别人的人。

但是，上帝所创造的真正古代的法，乃是对全人类的和平的训诫：它宣布一切人都可以自由得到土地；它把犹太人和多神教徒联合在一起，对任何人都不加排斥。它把基督的衣服又缝补起来，把和平的王国变成共和国。这是得到正确理解的内在力量，这是真正的法，它教导人们一言一行都要像希望别人对待自己那样。

但是，这只是法的一般定义。其次，应该谈谈在和平时期管理共和国的特殊法律应该是什么样的法律，以及怎样废除一切负担。这是自由法律的胜利，当这个极其庄严的法律得到恢复和确立下来的时候，它将成为全体人民的快乐。

简短有力的法律是管理共和国的最好的法律

以色列共和国的法律文字不多，简短扼要，鲜明有力，因此，只要公职人员和人民服从这些法律，管理工作就可以顺利进行。但是，英国在国王时期颁布的法律（无论是在天主教时期或是在新教时期颁布的）为数众多，而这些法律又是用法文和拉丁文写的，这就造成了英国的两大祸害。

第一，在人民中形成了严重的愚昧状态，引起了极大的纠纷。人民由于缺少知识而产生了严重的谬误，这就使他们在诉讼方面花费大量的金钱；很多人被关进监狱，被鞭打，被驱逐，失去土地和生命，这都是他们所不了解的那条像鞭子一样抽在他们背上的法律所致。这是人民的一大祸害。

第二，人民不熟悉法律而造成很多纠纷。当两个人发生争吵，其中谁也不想侮辱另一个人的时候，每一方都会以为他自己的行为是正当的，因而双方都想使用法律。有时，他们就到法学家那里去，给法学家钱，要他告诉他们，究竟是谁违反了法律。法学家看见有机会维持自己的职业，自然感到高兴。于是就东拉西扯地拖延时间，等到他们把钱几乎都快用光，才告诉他们把这一案件交给自己邻居去处理，让邻居为他们调停，而这件事本来一开头就应该这样做的。

可见，法律和法学家的一切活动只是一种圈套，他们引诱人们去上这个圈套，并用欺骗的方法从他们手里把土地夺去；法学家维护征服者的利益，支持他们对人民的奴役，国王看到了这一点，就把一切诉讼案件都交给他们办理。这一切都美其名为审判，其实只不过是给人带来痛苦的祸害而已。

如果法律比较少，文字又很简短，并且经常宣读，那就会预防这种祸害的产生。每个人知道了他的行为哪些是好的，哪些不好，他在言论和行动上就会十分谨慎，从而就可以根除法学家的欺骗。

以色列共和国的摩西的法律就是这样。人民上床、起床和走路的时候，都在谈论法律，他们把法律带在身边，就像把手镯戴在自己手上一样，所以他们都精通这些和平所系的法律。

但是这也说明，英国是陷入圈套的盲目的国家；它的领袖由于高傲和贪婪而把它引入迷途，甚至由于缺少法律知识而把它引向灭亡，法律的知识把决定生与死、自由与奴役的权力掌握在自己手中。但是，我希望将有美好的未来。

能够管理国家的专门法律或法律体系应该是怎样的？

1. 由议会的法令加以批准的法律条文应该是公职人员和人民的准则，应该是一切行为的主要法官。

2. 某个人或某些人（只有议会的法院除外）如对法律擅自加以增减，一律将被撤职，并且将永远不能再选出来担任公职。

3. 任何人不能为了金钱或报酬而使用法律。敢于这样做的人将被当作共和国的叛逆处死，因为当金钱能够买卖审判和左右审判的时候，只会造成压迫。

4. 教会人员每年必须四次即每季一次向人民宣读法律，使每个人都能知道他应该服从什么，没有一个人会由于缺少这种知识而死亡。

5. 没有两个或三个证人作证，或者未经本人承认，绝对不能对任何人提出起诉。

6. 任何人除非真正犯有罪行和说了侮辱性的话，不能受到处罚；任何人都不能由于涉及上帝的言行而受到排斥，他将在国内太太平平地生活。

7. 被告和原告每次都要随传随到公职人员那里去当面对质，以便双方都可申诉，而不致使一方受到损害。

8. 如果法官或公职人员违反法律而行使了自己的意志，或者是在没有法律可以作为他的依据的情况下行使了自己的意志，他就将被撤职，永远不得再担任职务。

9. 凡对某人提出起诉而又提不出证据的人，将受处罚，其处罚与被告在罪行确凿的情况下应受的处罚相同。当一个人对另一个公职人员提出起诉时，起诉可以受理；所有其他起诉，法律将不予考虑。

10. 凡是殴打了自己邻居的人，行刑吏就以打还打，以眼还眼，以牙还牙，以肢体抵肢体，以命偿命；这样做的理由是使人尊重别人的人格，像别人应该对他自己那样去对待别人。

11. 殴打公职人员的人将被判处在监督人的监督下强迫劳动一年。

12. 凡是在邻居中间播弄是非、造谣中伤从而挑起邻居不和的人，第一次将当众公开受监督人申斥；第二次将受鞭打，第三次将被判在监督人监督下强迫劳动三个月；如果他还继续不改，则将被判处强迫劳动终身，并在共和国内丧失自由。

13. 如果一个人说了触犯他的邻居的侮辱性的或挑衅性的话，并且有人向监督人提出申诉，第一次监督人将单独对他进行劝劝诫；如果他继续侮辱自己的邻居，下一次监督人将在教堂的会众面前对他进行劝诫和谴责；如果他仍不改，第三次将受鞭打；第四次，如果他的罪过由证人证实，则被判处在监督人监督下强迫劳动十二个月。

14. 一个人如果不是公职人员，本来是无权命令别人去服从法律的，而他却像领主那样对自己的兄弟实行统治，如果有这样的行为，那么，他将受到像上面所说的那样的劝戒，要是他执迷不悟，也将受到同样的处罚。

耕种法等等

15. 每户将有耕地、收割、打谷所需要的一切工具和用具。人手多的户将有犁、大车、耙等。其余的户将有铁锹、十字镐、斧头、镢头等，数量将根据每个家庭的劳动者的数目而定。

如果某个主人和家长在这方面粗心大意，该区监督人应该当面对他进行劝戒；如果他还不改正，监督人就当众申斥他，如果他坚决不改，就把这个家庭交给另一个人去领导，而他本人将在监督人的监督下进行强迫劳动，直到改正为止。

16. 播种时，每个家庭都应该派出工作所需要的足够人员到田里去耕种，收获时则去收割和采集地里的果实，并根据监督人的命令，会同他所指定的工作人员把这些果实送到仓库里去。如果谁拒绝去做这项工作，监督人将询问他拒绝的理由；如果是因为生病，则免除他的劳动，如果只是由于懒惰，则根据惩治游手好闲的法律予以处罚。

游手好闲惩治法

17. 如果有人拒绝学习手艺或者拒绝在播种或收获时工作，

或拒绝充当仓库看守人，而又想和劳动人民一样吃穿，那么，保卫人员最初将对他单独进行劝诫；如果他仍然游手好闲，保卫人员将申斥他，然后让他留在人民当中一个月；如果他仍然游手好闲，将受鞭打，并再给他一个月的自由；如果仍然不改，他将被交给监督人，从事强迫劳动十二个月，或者一直到他服从正常的秩序为止。每个少年之所以必须学习一种劳动，是为了预防高傲自大和不满情绪。这样做是为了使他们身体健康，精神愉快，使他们能有机会同其他人一起自由劳动。这将使共和国得到丰富的食物和一切必要的东西。

仓 库 法

18. 每个城市和中心区都将建立仓库，储藏麻、毛、皮、呢绒以及一切从海外运来的日用必需品。这些仓库叫做主要仓库，每个家庭需要的东西都可以从这里领到，供自己家内之用，也可以供自己做手艺和运往农村仓库之用。

19. 在每个城市或中心区，每座私人住宅或商店将像现在这样成为专门仓库或商店。这些商店将由从事某种手艺的家庭的产品中取得供应品，或者由从事同样的手艺的较大的家族的产品中取得供应品，就像现在城市里所有的商店领取供应品的情况一样。

20. 仓库看守人发出他所看管的商品时不收分文，正如他收进商品时不付分文一样。

21. 如果某一个仓库看守人玩忽职守，监督人就根据公正的起诉把这一情况通知法院，法院则判决他离开那个仓库和岗位。他将被调去从事其他一种生产工作，受监督人的监督，他的职务由其他人来担任，因为有可能生活在自由之中而又不愿意享受这种自由的人，应该尝尝被奴役的滋味。

监督人法

22. 每个监督人的唯一职责，就是监督法律的执行情况，因为法律是国家的真正管理者。

23. 如果哪个监督人包庇游手好闲的人，忽视法律的执行，他将受到法院的规劝；第二次他将被撤职，永远不能再担任这个职务，并将遣返到青年和仆役的队列中去充当工人。

24. 新监督人接任时，应该审查前任监督人过去一年来发出的一切命令，以便检查他们是否认真履行了自己的职责，有没有违法行为，因为违反法律会以某种方式帮助国王奴役制的复辟。

25. 手艺监督人应该督促每个家庭在播种和收获土地果实时提供帮助，要每个家庭从事自己的手艺来充实仓库，要仓库看守人努力收货，装满自己的仓库，并把一切商品发给所有的人而不准进行买卖。

26. 监督人执行自己职责时，每个人都必须协助监督人进行工作，不然将根据他拒绝协助的工作的性质，或者给予谴责（如果他也是公职人员，则被撤职），或者剥夺他的自由。

买卖惩治法

27. 如果一个人引诱另一个人进行买卖，经被引诱者揭发并告到监督人那里，引诱者将被剥夺自由十二个月，监督人则在教堂会众面前表扬不受引诱的人，表扬他忠实于共和国的和平。

28. 如果有人买卖土地及其果实（根据航海法与外国人通商除外），买卖双方将作为共和国和平的叛逆而被处死，因为买卖会使人重新陷入国王的奴役之下，并且成为一切争吵和压迫的根源。

29. 如果某一个男人或女人认为土地是自己的而不是自己兄弟的，他或她将在教堂的会众面前坐上耻辱椅，并在额头印上耻辱的烙印，然后在监督人的监督下当十二个月的奴隶。如果他们破口谩骂或者企图用秘密或公开煽动的办法发动武装暴乱，以确立国王的所有权，他们就被判处死刑。

30. 仓库是每个人的财产而不是个别人的财产。

31. 任何人都不付工钱或者领取工钱，因为这又会使人们陷入国王的奴役之下；自由人一旦需要帮助，青年或成为公仆的人就会欣然前往，以便完成监督人所指派的工作。付工钱和领工钱的人都将受到被剥夺自由的处分，并且在监督人的监督下充当十二个月的仆役。

航　海　法

32. 其他国家至今仍然保存着君主制和买卖，所以如果用船只把我们英国的货物运出去，并根据其他国家的习俗用买卖的办法换取这些国家的货物，这对我们共和国的和平将是有利的。但是，有一个固定不变的条件，那就是我们的船只运出去的一切货物都是共和国的财产，而同其他国家通商都是用公共储备的货物来进行的，目的在于充实仓库。

金银法

33. 金银不是从我国矿藏中采掘出来的就是用船只从海外运来的。因此,金银不能用来铸造刻有征服者肖像的硬币,以便以征服者的名义或得到他的允许来进行买卖;金银在共和国中只限于制造盘子和装饰房屋所需要的其他必需品,即现在用铜、锡、铁或其他某种金属做的东西,而不会作其他的用途。

但是,如果我们需要其货物的那些国家在我们不付给硬币的情况下不与我们交换,那么,我们可以把一部分金块、银块铸成刻有共和国国徽的硬币,但是这些硬币只能作这种用途,而不准作别的用途。

哪里硬币万能,那里就不可能实行"像你希望别人对待你那样去待人"这条宝贵的准则。司法被拿来做买卖;更正确些说,非正义精神有时为了金钱而进行买卖,并且成了一切战争和压迫的根源。当然,一切创造物的正义精神从来没有制定过这样的一种法律:软弱的平民只有从英国到东印度去开采金银,亲手把金银带回来交给自己的兄弟,才能得到对方的同意让他们耕种土地和依靠土地生活,并享用自己的财产(他们本来不应当利用土地)。

公职人员选举法

34. 所有监督人和公职人员每年都要改选一次,以预防野心和贪婪的产生,因为人民已经尝够了公职人员长期担任某种职务或世袭职务所带来的痛苦。

35. 性格暴躁、喜欢吵架和说话得罪了自己邻居的人,在没有改正这些缺点以前，不能被选出担任国家的职务。

36. 除了受法律处分的人而外，所有二十岁以上的男人都有投票选举公职人员的自由。

37. 应该选举以通情达理、言谈谨慎和熟悉共和国法律著称的人来担任公职。

38. 所有四十岁以上的男人有权被选出担任国家职务，不满四十岁者不能当选，但以热爱劳动和言谈谨慎著称而被人民选出的人则不受此限。

39. 如果有人力图劝说人民选他当公职人员，这种人就根本不应当当选。如果有人劝说人民去选一个为了自己当选而四处奔走的人，那么，这两个人在这段时间内都将被剥夺自由，也就是说，他们两个人没有选举别人的权利，自己也不能当选。

背叛惩治法

40. 无论是谁，如果他以说教和祈祷为正义的上帝服务，同时却经营商业来获取土地，就将被当作巫师和背叛者处死。

41. 谁要是口头上提出某种要求，而其行动又暴露出他是抱着另一种打算，将永远不能担任共和国职务。

什么是自由

每个自由人都有使用土地、耕种土地、在土地上建筑房屋的自由，有从仓库获得他所需要的一切并不受任何限制地享用自己劳动果实的自由。他不向任何领主交租，四十岁以后有权被选担任公职，四十岁以前有权选举公职人员。如果他需要青年帮他做手艺或者种地，监督人就指派一些青年男女到他家去当仆役。

失去自由人法

42. 所有失去自由的人都穿上白色毛衣，以区别于其他人。

43. 他们将受监督人的管理，监督人指派他们充当搬运夫或农业工人，去做某一位自由人需要做的任何工作。

44. 他们将毫无例外地去做任何的工作，但经常充当的是搬运夫或车夫，把谷物和其他储备物资从一个仓库运往另一个仓库，从乡村运往城市，或是从城市运往乡村，等等。

45. 如果他们有人拒绝做这样的工作，监督人将下令鞭打他，让他吃粗劣的食物。这里的中心问题在哪里呢？自由人干的是轻活，而这些人干的是重活。这样做的目的何在？打掉他们的高傲和愚蠢，使他们成为共和国有用的人。

46. 失去自由的人的妻子和儿女，只要没有像自己父母和丈夫一样失去自由，就不是奴隶。

47. 谁违反了法律，起初将单独或公开受到口头劝诫，正如上面已经指出的那样；重犯将受鞭笞，第三次违法将剥夺一个时期的自由或者剥夺终身的自由，并且再也不能被选担任公职。

48. 失去自由的人将成为众人的仆役，遇到某个自由人向监督人请求派人做工时，监督人就把失去自由的人派到他那里工作，并且规定，当某一个自由人得到监督人的同意，派失去自由的人去做某种工作时，另一个自由人在该项工作未完成以前可以不让他离开。

49. 如果这些违法者中有人说了侮辱法律的话，他将受到狠狠的鞭打，吃粗劣的食物；如果违法发动武装叛乱来反对法律，他将被当作叛逆者处死。

奴隶恢复自由法

50. 任何奴隶，凡是能够提出明显的证据证明自己已经顺从、勤勉和努力遵守共和国的法律，在奴役期满之后，可以根据法官的判决恢复自由；但如果他们仍然反对法律，则将继续充当奴隶，一直到服满第二个刑期为止。

51. 他们在为共和国进行的十二个月的强迫劳动的刑期未满之前，任何人都不得恢复自由，因为他们不分冬夏都应当处在同样的条件下。

52. 如果他们有人恢复了自由，法官和元老院就将宣布他已获释，并准许他可以自由根据自己的愿望穿任何颜色的衣服。

53. 如果有人生病或者受伤，研究本草和矿物科学并会贴膏药或用药的外科医生就去给他诊治，但不能要求报酬，因为公共仓库就是对每个人的工作的一种社会报酬。

54. 在为死者举行葬仪时，教区的公职人员和邻居应该参加送葬，并且参加公民葬礼。但是，无论是公共牧师或是其他任何人，都不能参加诵读祈祷文或安魂祈祷词。

55. 如果有人学习手艺，并且学习七年满期，就有资格成为家长。不管他已否结婚，监督人都应该指派他中意的年青人来给他充当仆役。

婚　姻　法

56. 每个男人和女人都有与自己心爱的人结婚的完全自由，

只要他（她）们能够获得对方的爱情或者好感，出身和嫁妆都不能妨碍结婚，因为我们大家都是属于同一血统，都是人类的一员。至于嫁妆，公共仓库就是每个男人和女子的嫁妆，它对每个人都是同样敞开着的。

57. 如果男人与少女私通，并且生了孩子，他必须与她结婚。

58. 如果男人强奸妇女，该妇女大声喊叫拒不同意，并且强奸的事实由两个目击者证明属实，或由该男人供认不讳，那么他将被处死，而那个妇女则是自由的，因为这是盗窃女性个人自由的行为。

59. 如果一个男人想用暴力夺走另一个男人的妻子，对于他的初次犯罪行为将由调停吏在教堂会众面前对他进行劝诫；第二次犯罪将罚他在监督人的监督下当十二个月的奴仆；如果他强奸另一个男人的妻子，而她高声叫喊，则与强奸少女同等论罪，将他判处死刑。

60. 在男女双方同意结婚时，他们就将此事通知区内所有的监督人和自己的一些邻居。在亲友聚会之后，就由男方亲自宣布，他将娶女方为妻，女方也说要嫁给男方，并且双方都要求监督人当证人。

61. 任何一个家长都不允许为午饭或晚饭做的肉食多于他家用饭的人所能吃掉的数量，或者是在肉类不会腐烂的期间做出这样多的肉食。如果某人的家里经常有食物腐坏，监督人将私下对主人进行劝诫。如果这一家庭由于忽视对家务的管理工作而继续存在这种浪费现象，调解人将当众对他进行谴责，数落他的轻率行为，使他感到惭愧。如果第三次发生这种现象，他将在监督人监督下充当十二个月的仆役,以便让他知道,谋取食物是多么不容易,而在这一时期内,将责成另一个人来监督他的家庭。

62. 任何人只有在师傅的指导下服务七年之后才能成为家长和拥有仆役。这是由于一个人要成为家长,应该达到一定的年龄,能够通情达理,以保持共和国的和平。

人啊,这就是你要遵守的正义法令。
它也许已经在和平中灭亡。
但是,真理又放射出光芒,谎言登上了宝座。
由于它们的沉思默想,心胸时时都在作痛。
知识来到我们面前是要伤害我们,而不是来搭救我们。
难道是我叫你到我们这里来?你想来诱惑我们!
哪里知识在增长,那里悲伤也在加多,
一个给世界带来教义的大骗局正在成熟,
人刚说出话来而又马上推翻,
只要能够得利,自己的誓言也可以背弃。
哪里有能够改正错误的力量!
请走到我们这里来,把真理的道路指给我们。
死亡,你躲藏在哪里,为什么不对我作一个暗示?
我根本就不怕你。我的话不是谎言。
把我的躯体夺去吧,把地上的遗骸还给四种原素。
让我留在它们中间,享受和平与安宁。

附　　录

杰腊德·温斯坦莱小传

杰腊德·温斯坦莱是十七世纪中叶那些使私有制英国恐惶万状的思想的最鲜明的代表人物。胜利者们曾千方百计想磨灭掉人们对他的记忆。现在人们能够记得的有关温斯坦莱生平的不很确切的片段资料,大部分取自他本人的著作。

有材料说,温斯坦莱生于兰开夏;还有资料记载,他在1609年7月10日曾去维岗教区的教堂受过洗礼。根据散见于温斯坦莱的不同著作中的一点迹象可以得出结论,他曾在伦敦学过生意;内战开始时,即十七世纪四十年代,他在伦敦中心区开了一家铺子,后来由于内战引起的经济危机而宣告破产。

由于生活无着,温斯坦莱曾不得不寄居于塞利郡的亲友处。他的著作有些地方提到,他不得不在那里替邻居放养牲口。

有些地方也提到,温斯坦莱为了寻找真理,曾参加过各种教会组织和教派,但并没有得到满足。1648年,他转而对自己身上和整个自然界中的上帝进行"实验性"(照他自己的说法)的认识。

温斯坦莱在其最成熟的著作《自由法》中十分有力地和挖苦地揭露了各种教会的代表人物的谎言和伪善,他们引导人民去追求天堂的幸福,而自己却去寻找尘世的福利(见《自由法》关于僧侣的一章)。

在这个时期,塞利郡显然掀起了要在圣乔治山上共同耕种村社土地的运动,即掘地派或真正平均派的运动。温斯坦莱成为这一运动的领袖之一和立场最鲜明的思想家之一。但是,无论如何不能认为,他是在英国资产阶级革命达到最高潮的时期中十分流行的那些反对私有制的思想的唯一代表者。克伦威尔和当时英国社会统治阶级的很多著名代表人物的许多言论,都可以证明这一点。这些人对于私有制的存在将受到威胁这件事,都表示惶恐不安。

温斯坦莱在1649年即英国成立共和国那一年，展开了卓有成效的活动。1649年1月26日，温斯坦莱发表了他的《新的正义的法律》一书。他在这本书中第一次表达了共同利用土地和享受土地果实的思想。

同时，掘地派着手实现自己的纲领——在圣乔治山上共同耕种土地。这一切对土地占有者——地主和自由持有农发生强烈的影响，通过他们也对资产阶级共和国的政权和议会军的统帅部发生强烈的影响。部队被派遣到掘地派和平活动的中心塞利郡，士兵杀死了一些参加运动的人。4月20日，温斯坦莱和埃弗腊德访问了议会军总司令费尔法克斯的所在地白厅，陈诉掘地派的和平的、正义的目的。从《给费尔法克斯阁下及其军事会议的信》（见本书第38页）中可以看出，1649年5月，费尔法克斯亲自到过圣乔治山。1649年4月26日，发表了《真正平均派的宣言》（有十五个人签名，其中包括温斯坦莱），宣布了正在失去土地和已经失去土地的农民的运动的基本原则。

就在1649年这一年，温斯坦莱写了《英国被压迫的穷人的宣言》（除温斯坦莱外，还有四十四人签名）、《致费尔法克斯阁下及其军事会议的信》、《关于华尔顿的威廉·斯塔尔和约翰·泰勒的反基督教的血腥行为的宣言》、《告下议院书》、《给伦敦城和军队的口号》。在最后这篇著作中，温斯坦莱揭露了统治集团对掘地派进行的非法的、偷偷摸摸的迫害：不通过法院，没有任何法律根据，依靠军队逮捕掘地派，赶走他们的牲口，毁坏他们集体劳动的一切果实。温斯坦莱要求进行公开审判，要求法学家和牧师公开进行讨论。但是，这一要求没有获得结果，因为统治阶级害怕这一事件会广泛地传播开来。

温斯坦莱本人在运动被镇压下去的时候没有遭到逮捕，并且继续为掘地派的事业而斗争。在资产阶级历史编纂学中流行着一种看法，认为政府当局觉得温斯坦莱不是什么危险人物，是微不足道的，以至于只要对他进行规劝就行了，而不必把他逮捕起来。这种解释是十分靠不住的。很难相信，在政府眼中掘地派运动的普通参加者会比这个运动的一个最杰出的、以其著作而享有盛名的领袖更富有危险。更可靠的假设是：政府当局没有逮捕温斯坦莱，是由于他的声望，害怕逮捕他会激起群众的不满。

就在《给伦敦城和军队的口号》这篇杂文中，温斯坦莱站在被压迫人民群众的立场，批评了英国的工人立法：他指出，人们剥夺了一些人的土地而把它送给另一些人，“命令拴着锁链的人民替拥有土地的人做工，一天得三四个便士的报酬”,拒绝做工将按流氓行为治罪。温斯坦莱指的是1563年由国王詹姆士一世批准的学徒法,后来,到了共和国时期,这个法令在1649年重新由下议院批准。

翌年,温斯坦莱发表了一系列新著作,企图使共和国有影响的集团相信他的事业的正确性。1650年,出版了温斯坦莱的以下著作:《给议会和军队的新年礼物》、《为只想使土地成为共同宝库的掘地派声辩》、《告全体英国人书》、《对两个大学的牧师和律师公会全体法学家提出的卑微的要求》。在所有这些著作中,温斯坦莱都捍卫“英国被压迫的人们”的利益,力图向统治集团和广大人民阶层证明掘地派运动的合理性和正义性,举出了鲜明的例子,说明由于革命而执掌政权的新贵族和资产阶级集团所实行的掠夺的、背信弃义的政策。温斯坦莱是当时参加英国革命的人当中唯一懂得并在自己的著作中揭露长期议会1646年2月24日的法令的掠夺性的人。由于这个法令,骑士的领地制被消灭了,领主对国王的封建义务被废除了。但是,农民(公簿持有农)对领主的封建义务仍保留下来:“难道这不是偏袒吗?啊,你们,执政者们,你们要像曾经解放自己那样,在土地方面解放穷人,维护正义。”——温斯坦莱在结束自己对英国资产阶级革命者的立法的伪善的阶级自私性的揭露时发出了这样的呼声。

温斯坦莱的观点特别鲜明地表现在他的最成熟的作品《自由法》中。这本书出版于1652年,书中提出了把社会建立在共同使用土地和共享一切土地果实的基础上的方案。温斯坦莱认为,建立这样的社会并不需要在遥远的将来,或者在人所不知的国家,而是**立即在英国**就能实现的。在这篇作品前面的给克伦威尔的信中,温斯坦莱劝说克伦威尔并要求他立即实行自己的方案。

注　　释

[1]《真正的平均派的旗帜》是在 1649 年写成的。当时正是掘地派企图实现自己的理想的时候，有一部分掘地派人开始在塞利郡圣乔治山的荒地上集体从事农业工作。

[2] 基督之敌，是基督教教会的教义上所说的基督的敌人，是邪恶的力量的化身，是魔鬼的使者或化身。

[3] 以扫是《圣经》(犹太人和基督教徒的神圣的经典)上的人物，他欺侮自己年轻的兄弟雅各，对雅各做出了一系列恶意的、不正义的行为。

[4] 约瑟是《圣经》上的理想兄弟的形象；他的兄弟们对他极其残忍，把他卖到埃及当奴隶。约瑟原谅他们所有的人，并且以德报怨。

[5] 亚当是《圣经》上所说的人类的始祖，是上帝在天堂中创造的第一个人。但是亚当受了魔鬼的诱惑，犯了罪，被逐出了天堂，于是使全人类注定受诅咒和过艰苦的生活。

亚一当是无法翻译的文字游戏：一方面的意思是亚当，另一方面是英文中的 dam 即堤坝、障碍物的意思，使人联想起圈公社土地的人。正是这些人使农民失去牧场、刈草场和土地。

[6] 摩西是《圣经》上所说的把犹太人从埃及的奴役下拯救出来的人，是犹太人为了寻求上帝所答应的土地而在沙漠上流浪时期的立法者和领袖。

[7] 该隐和亚伯是《圣经》上所说的人类的始祖亚当和夏娃的两个儿子；大儿子该隐杀死了自己的兄弟亚伯。

[8] 挪亚是《圣经》上所说的世界洪水时期世界上唯一公正的人。上帝预先告诉他即将发生洪水，要他造船(方舟)，挪亚和他的家庭、家畜和家禽坐上方舟，因而未遭洪水之灾。

[9] 以实玛利和以撒、以扫和雅各是《圣经》上所说的两对兄弟，这两对兄弟中的哥哥(以实玛利、以扫)都对自己的兄弟做出了不公正的行为。

[10] 亚伦是《圣经》上所说的一个腐朽的教会人士，他利用自己的特权

地位来巩固牧师对人民的权力。

[11] 亚伯拉罕、以撒、雅各和先知，是犹太人的传奇式的“历史”上的公正的、虔信宗教的人物。

[12] “教皇的”是天主教会的首领教皇所颁布的。在英国，在十六世纪三十年代实行改革后，一切与教皇和天主教会有关的东西都被广大的人民阶层所憎恨。

[13] “以色列家族”是《圣经》上用来代表犹太人的一种说法。

[14] 最高会议指英国国务会议，于 1649 年成立共和国时建立，是最高的政府机关，履行行政管理的职能。

[15] 大军——在英吉利共和国(1649—1653)中，除了最高的国家政权机构之外，保证革命在内战中取得胜利的军队，对国家事务也具有很大的影响。

[16] “尼布甲尼撒时代强加在古以色列身上的巴比伦枷锁”——《圣经》上谈到巴比伦王尼布甲尼撒征服和劫走犹太人。宣言利用《圣经》上的这个故事来说明英国的社会关系，强调下层阶级处于被压迫的地位。

[17] “诺曼人征服英国”发生于 1066 年。诺曼公爵威廉(在征服英国之前，他的绰号叫做“私生子”，在征服英国之后，他的绰号叫做“征服者”)统率西欧骑士、亦即寻求战利品和土地的人侵入英国，在黑斯廷斯战役中粉碎了盎格鲁-撒克逊的民军，为英国新的王朝奠定了基础。诺曼的征服者成为英国最高的统治阶级。

[18] 自由持有农是封建制度英国的农民最高阶层，是拥有比其他英国农民好得多的优越条件的土地所有者。

[19] “纽盖特的囚徒”——纽盖特是英国著名的监狱。

[20] “以西结，耶利米……”——在这个地方，引了《圣经》上的话，从这些话当中，真正的平均派找到了自己的把土地变成公共财产的要求的确证。以西结、耶利米等都是所谓先知的名字，他们的说教成了犹太人和基督教徒的《圣经》的组成部分。我们把引自《圣经》的话省略了。《圣经》中包括关于《先知书》、《耶利米书》等。

[21]《使徒行传》是基督教徒的《圣经》中的新约的一个组成部分，内容是关于基督的门徒的活动的传说。

[22] 西罗亚之水是《圣经》上所说的泉水，人们在那里洗澡可以治病。

[23]《英国被压迫的穷人向全国所有自称或被人称为领主的人发出的

宣言》上所写的日子是1649年6月1日，有四十五人签名，它是掘地派对一切在自己新占的领地上滥伐树木的侵占公社土地和荒地的人的警告。

[24] 地主——大领地的所有主，对于居住在他的领地上的人具有特殊的行政上和法律上的权利。地主是英国统治阶级的上层，而且直到现在还在很大程度上保存了自己的特权地位，例如，他们现在还是世袭的立法者，不是根据选举而是根据继承权在上议院中占有固定的席位。

[25] “野兽的印记是666”——这是基督教徒的教会书籍中的一篇作品《启示录》的特别暧昧的说法：在世界末日到来之前，魔鬼必然会到来，他引诱人们，并且用带有象征意义的数目666的“野兽的印记”盖在自己的拥护者的身上。在查理一世统治时代的英国铸币上有一行字“Carolus. D. G. Mag. Br. Fr. et Hi. Rex”。从这些字就形成了一个数目MDCLXVI，即1666。

[26] “大专学校中对学生灌输的千篇一律的鹦鹉学舌式的胡言乱语”——是对中世纪的繁琐科学的讽刺。

[27] 人子——《圣经》上基督的名称之一，表示“神的”原则与“人的”原则在他的身上结合起来。

[28] 庄园——中世纪英国领地的名称，其中既包括主人的田地，也包括服从于叫做领主的庄园主的封建权力的农民的土地。

[29] “村社土地”——农民村社所利用的土地（草地、森林、沼泽等）。从十六世纪开始，英国的统治阶级、即地主就用所谓“圈占”村社土地的办法，对农民进行大规模的掠夺。农民失去了利用被地主圈去的、即被用强力夺去的公社土地的可能性。这就破坏了农民经济，使农民失去土地和破产。十六世纪的王权装出要与非法强占农民土地的现象作斗争，颁布了反对圈地的法律，但是这些法律只是一纸空文。十六—十七世纪农民为保卫自己的权利而举行的多次的起义，都被残酷地镇压下去了。“圈地”的活动在十七—十九世纪还在进行，并且使英国的农民阶级完全破产和趋于消灭。

[30] 迦南地——《圣经》上所说的上帝答应给犹太人的土地。

[31] “民族圣约”——1643年9月25日英国议会和苏格兰长老会教派共同承担的实行“真正的改革”的庄严的义务。这一义务的正式名称叫做“庄严的联盟和盟约”。温斯坦莱在某些地方还把这个法案叫做“民族契约”。

[32] “查理及其党羽”——指的是以前的英国国王查理一世及其拥护者，这些人在1642—1648年的内战中组成反革命的封建反动势力的阵营。

[33] 费尔法克斯——英国陆军将军，议会军队的总司令。

[34]《给费尔法克斯阁下及其军事会议的信》是针对议会军的总司令部的代表人物在 1649 年春夏对掘地派运动表现出恐惧情绪而写的。温斯坦莱和埃弗腊德作为掘地派的代表于 1649 年 4 月 20 日到总司令费尔法克斯居住的地方白厅(以前国王住的地方)去拜会他。同年 5 月 26 日总司令本人也到圣乔治山亲自调查掘地派的力量和性质。这证明当时英国实际上的政府(这一时期的实权掌握在议会军总司令部手里)对于掘地派运动的重视,也证明这一运动有被用军事手段镇压的危险。为了防止这种危险而写了这封信。温斯坦莱受圣乔治山上的耕作者的委托,于 1649 年 6 月 9 日亲自把这封信交给费尔法克斯将军及其军事会议的高级军官。

[35]"审判日"——根据基督教的教义,似乎审判日将是世界的末日。

在"最后的审判日"中,正直的人站在审判官即基督的右边,而过肉欲生活的人即罪人则站在左边。

[36] 乡绅——英国没有封号的贵族,但拥有大小不同的领地。

[37] 什一税是为了教会而向居民征收的税,通常是按收获或收入的十分之一来征收的。

[38] 使徒们——根据基督教教会的教义,他们是基督的直接的弟子。

[39]《给将军阁下及其军事会议的信》,是温斯坦莱鉴于帕森·普拉特和掘地派从事共耕的那个地区的一些地主向当局作了密报,因而在 1649 年 12 月 8 日写给议会军的总司令费尔法克斯的。这封信驳斥了该地的地主对掘地派的诬蔑。

[40] 约翰·普拉特——温斯坦莱曾在《给将军阁下及其军事会议的信》中,以及在杂文《给议会和军队的新年礼物》中谈到他,他于 1643 年被任命为威斯特霍尔什里的大学校长,当时他的前任已被长老会派的人赶走。从 1647 年起,他是吉尔福特公司和塞利郡法院的成员。1662 年根据"英国国教法",他失去了公职和住所。1670 年去世。温斯坦莱称他为科布赫姆的"裙带"领主,因为他娶了汉弗莱·兰德的女儿为妻。

[41] 骑士——十七世纪四十年代英国内战时期拥护国王的人的绰号。拥护议会的人的绰号是"圆颅党人"。

[42] 阿曼、摩尔杜哈、阿苏尔王是《圣经》上的人物,这里是取自十七世纪十分流行的一个故事:奸诈的、恶毒的阴谋家阿曼力图诬蔑善良的、得到严厉的亚述王阿苏尔的信任的犹太人摩尔杜哈。

[43] 在塞利郡于 1648 年 5 月 16 日递给议会的请愿书中,提出了使国

王"恢复应有的荣誉和充分的权利"的要求。请愿书的提出引起了骚动，有八至十人被杀，成百人受伤。

［44］《给议会和军队的新年礼物》是温斯坦莱于1650年1月1日所写的，其目的是对1649年这过去的一年进行总结，并对这一年中的一些最重要的革命法令加以阐释。1649年2月5日，下议院通过决议，规定"议会中的贵族院是无益的、危险的，应该取消"。实施这项决议的法令于3月17日通过。1649年2月7日下议院通过决议说："在这个国家中，国王的职位……是多余的，增加人民负担的，并且构成对这个国家的人民的自由、安全和公共利益的威胁，因此它应该被取消。"实施这项决议的法令于3月19日通过，5月30日公布。宣布英国为自由共和国的法令于1649年5月19日通过。

温斯坦莱不只是从狭隘的政治意义来阐释这些法令，说这是统治形式的改变，是压迫者的权力被另外一些压迫者所替代，而且说它是社会革命，其目的是要消灭社会的不正义和财产上的不平等。

［45］公簿持有农——根据得到领地法院（领主法庭）证明的文书的副本而拥有土地的农民，他们对领主有封建依附关系。这一类农民比自由持有农所处的条件差得多；公簿持有农承担了封建剥削的主要重负。

［46］所罗门——据《圣经》所载，他是犹太人的国王中最聪明的国王。

［47］租地继承捐——封建义务的一种。最先是在领主的佃奴死后由其后嗣把武器、马匹和其他种类的军事装备交给领主，后来成为一种习俗，即把领主的死去的佃奴的财产中的一头牛交给领主。

［48］这里所指的地租，是指土地所有者（领主）向农民征收的使用土地的款项。

［49］《自由法》是温斯坦莱的主要著作，其内容包括在消灭土地私有制的基础上完全改造社会的计划。在这篇论文的前面，有给英国共和军队的将领克伦威尔的信，以及给"友好的、没有偏见的读者"的信。给克伦威尔的信上载明的日期是1651年11月5日，而这篇文章是1652年发表的。

［50］大卫——根据《圣经》所说，是犹太人杰出的国王之一，同时是宗教歌曲《圣歌》的著名作者。

［51］征税者——用购买或其他方法得到征收教会的什一税的权利以谋取私利的人。

［52］西蒙和利未——《圣经》上的人物，他们的特点是叛卖成性，对教会和社会的职责采取自私自利的态度。

[53] 亚扪人——根据《圣经》所说，这是一个与犹太人比邻而居的民族，时常与犹太人打仗。

[54] 中心区——在中世纪，这个名词指有教堂的城市居民区即主教所在地。中心区一词也指具有团体权即自治权的城市居民区。

文　献

温斯坦莱的著作

（按年代先后为序）

1.《关于创造全人类的上帝的秘密》(The Mystery of God concerning the Whole Creation of Mankind)，1648 年，1649 年第 2 版。

2.《上帝的日子的黎明》(The Breaking of the Day of God)，1648 年 5 月 20 日，1649 年第 2 版。

3.《圣天堂》(The Saints' Paradise)，1648 年。

4.《真理胜过诽谤》(Truth Lifting Up Its Head above Seandals)，1648 年 10 月 16 日，1650 年第 2 版。

5.《新的正义的法律》(The New Law of Righteousness)，1648 年 1 月 26 日（新历 1649 年）。

6.《真正的平均派举起的旗帜》(The True Levellers Standard Advanced)，1649 年 5 月 20 日（在这篇文章上署名的除温斯坦莱外，还有十四人）。

7.《英国被压迫的穷人的宣言》(A Declaration from the Poor Oppreesed People of England)，1649 年 6 月 1 日（在这篇宣言上签名的，除温斯坦莱外，还有四十四人）。

8.《致费尔法克斯阁下及其军事会议的信》(A Letter to Lord Fairfax and His Council of War)，1649 年 6 月 9 日。

9.《布罗德的宣言和威廉·斯塔尔与华尔顿的约翰·泰勒的非基督徒的行为》(A Declaration of the Bloudie and Unchristian Acting of William Star and John Taylor of Walton)，写于 1649 年 6 月 11 日以后，因为在这篇文章中谈到了这一天的事情。这篇文章没有署名，但出于温斯坦莱的手笔。

10.《向下议院呼吁》(An Appeal to the House of Commons)，1649 年 7 月 11 日。

11.《给伦敦城和军队的口号》(A Watchword to the City of London and the Army),1649 年 8 月 26 日。

12.《致费尔法克斯阁下的两封信》(Two Letters to Lord Fairfax),1649 年 12 月。

13.《给议会和军队的新年礼物》(A New－Year's Gift for the Parliament and Army),1649 年(新历 1650 年)1 月 1 日。

14.《为只想使土地成为共同的宝库的掘地派声辩》(A Vindication of Those,Whose Endeavors are Only to Make the Earth a Common Treasury, Called Diggers),1649 年(新历 1650 年)3 月 4 日。

15.《向全体英国人民呼吁》(An Appeal to All Englishmen),1650 年 3 月 26 日。

16.《对两个大学的牧师和律师公会的全体法学家提出的卑微的要求》(A Humble Request to the Ministers of Both Universities and to All Lawyers in Every Inns-of-Court),1650 年 4 月 9 日。

17.《在韦林伯勒收到的一封信》(A Letter Taken at Wellingborough), 1650 年 4 月。

18.《丛林之火》(Fire in the Bush)。这篇文章写作日期不明,唯一知道的一版上写的是 1650 年。

19.《以纲领形式叙述的自由法或恢复了的真正的管理制度》(The Law of Freedom in a Platform or True Magistracy Restored),(前面附有《一封给英格兰、苏格兰、爱尔兰共和军队奥利佛・克伦威尔将军阁下的信》。信上的日期是 1651 年 11 月 5 日,这本小册子的扉页上的日期是 1652 年)。

温斯坦莱著作选集

1.《杰腊德・温斯坦莱著作集》(The Works of Gerrard Winstanley)(附有关于掘地派运动的文献),萨宾编,伊塔卡,纽约康奈尔大学出版部出版,1941 年,共 686 页。

2.《杰・温斯坦莱著作选》(G. Winstanley. Selections from His Works),汉密尔顿编(书前有希尔的序言),伦敦,1944 年,共 198 页。

关于温斯坦莱的文献

1. 沃尔金:《现代社会主义先驱者著作片段》(В. П. Волгин:

Предшественники современного социализма в отрывках их произведений)，莫斯科一列宁格勒 1928 年版，第 1 卷(第 4 章，第 81—100 页)。

2. 沃尔金:《社会主义思想史》(В. П. Волгин:История социалистических идей)，莫斯科国家出版社，1928 年版，第 1 卷(第 6 章，第 165—187 页)。

3. 斯塔尔尼:《温斯坦莱是英国大革命中的共产主义思想家》(В. Стальный: Уинстенли — идеолог коммунизма в великой английской революции)，《苏联科学院通报》，1935 年第 1 期，第 45—70 页。

4. 贝伦斯:《在掘地派温斯坦莱这一神秘主义者、唯理论者、共产主义者和社会改革家的著作中表现出来的共和国时代的掘地派运动》(L. H. Berens:The Digger Movement in the Days of the Commonwealth，as Revealed in Writings of G. Winstanley，the Digger Mystic and Rationalist，Communist and Social Reformer)，伦敦 1906 年版，共 268 页。

5. 贝伦斯:《共和国时代的一位社会改革家杰·温斯坦莱》(L. H. Berens:A Social Reformer G. Winstanley of the Days of the Commonwealth)，载《威斯特敏斯特评论》，1905 年，第 164 卷，第 3 期，第 273—285 页。

6. 伯恩斯坦:《英国大革命时期的社会主义与民主主义》(Ed. Bernstein: Sozialismus und Demokratie in der Grossen Englischen Revolution)，第 3 版，斯图加特 1919 年版，序言 13 页，正文 367 页。

7. 希尔:《1640 年英国革命》(G. Hill: The English Revolution 1640)，1941 年(俄文译本由谢苗诺夫教授主编，1947 年出版)。

8. 赫德逊:《温斯坦莱的经济思想和社会思想。他是十七世纪的马克思主义者吗?》(W. S. Hudson:Economic and Social Thought of G. Winstanley. Was He a XVIIth Century Marxist?)，载《现代史杂志》，1946 年，第 18 卷，第 1 期，第 1—21 页。

9. 彼得戈尔斯基:《英国内战中的左派民主运动;关于温斯坦莱的社会哲学的研究》(D. W. Petegorsky: Left-wing Democracy in the English Civil War;a Study of the Social Philosophy of G. Winstanley)，伦敦 1941 年版，共 254 页。

10. 斯肯克:《关于清教徒革命中的社会正义》(W. Schenk: The Concern for Social Justice in the Puritan Revolution)，伦敦一纽约 1948 年版，序言 8 页，正文 180 页。

主要人名对照表

四　画

韦伯，约翰　Вебб，Джон
韦伯，塞缪尔　Вебб，Самуэль
巴克，约翰　Баркер，Джоп
巴契洛尔，约翰　Бачилор，Джон
巴纳德，托马斯　Барнард，Томас
比契，约翰　Ъичи，Джон
比克斯塔夫，亨利　Ъиккстафф，Генрих

五　画

古德格鲁姆，理查德　Кудгрум，Ричард
兰德　Лайнд
卡尔佛特，尤尔斯　Кальверт，Джильс
以扫　Исав
本宁顿，威廉　Беннилтон，Вильям
布朗，艾伦　Браун，Аллен

六　画

艾斯，约翰　Эm，джон
艾叶尔，腊尔夫　Эйер，Ральф
艾迪尔，托马斯　Эдир，Томас
亚韦尔，托马斯　Ярвел，Томас
伊斯特，托马斯　Ист，Томас
扫罗　Саулo
西尔　Сейер

七　画

邦彻尔，克里斯托弗　Бончер，Кристофер
克里福德，威廉　Клиффорд，Вильям
克利福德，克里斯托弗　Клиффорд，Кристофер
克伦威尔，奥利佛　Кромвель，Оливер
沃辛顿，尤里安　Вортингтон，Юриан

八　画

彼得斯　Питерс
帕罗特，爱德华　Паррот，Эдворд
帕麦尔，约翰　Пальмер，Джон
阿曼　Аман
阿苏尔　Ассур

九　画

查理一世　Карл I
科顿，约翰　Куртон，Джон
约瑟　Иосиф
哈里逊，约翰　Харрисон，Джон
威勒，理查德　Уилер，Ричард
威金逊，约翰　Вилькинсон，Джон

十　画

格登，托马斯　Гейден，Томас
格雷，理查德　Грей，Ричард
泰勒，约翰　Тэйлор，Джон
泰勒，威廉　Тэйлор，Вильям
索耶，罗伯特　Сойер，Роберт
海曼，约翰　Хейман，Джон
库尔顿，约翰　Культон，Джон

库姆斯，威廉　Кумс，Вильям
埃茨，纳撒内尔　Етс，Натаниэль
埃弗腊德，威廉　Эверард，Вильям
莫尔，托马斯　Мор，Томас
莫迪，约翰　Морди，Джон

十一画

曼利，詹姆斯　Мэнли，Джемс
康帕内拉　Кампанелла

十二画

普拉，约翰　Пра，Джон
普拉特，帕森　Платт，Парсон
惠彻，爱德华　Уичер，Эдвард
惠登，丹尼尔　Уиден，Даниэль
温斯坦莱，杰腊德　Уинстенли，Джерард
费尔法克斯　Ферфакс
斯帕尔，艾普顿　Спайр，Эптон
斯塔尔，托马斯　Старр，Томас
斯特拉维　Страви

十三画

骚斯，约翰　Саут，Джон

十四画

蔡尔德，威廉　Чайльд，Вильям
蔡尔德，朱尔斯　Чайльд，Джайльс
赫塞姆，威廉　Хэсэм，Вильям

十五画

摩尔杜哈　Мордухай
德雷克　Дрейк
滕奇，威廉　Тенч，Вильям

十六画

霍尔，詹姆斯　Холл Джемс
霍尔康，纳撒内尔　Голькомб Натаниэль
霍格里尔，威廉　Хогрилл，Вильям

图书在版编目(CIP)数据

温斯坦莱文选/(英)温斯坦莱著;任国栋译.—北京:商务印书馆,2017
(汉译世界学术名著丛书:120年纪念版:珍藏本)
ISBN 978-7-100-14471-1

Ⅰ.①温… Ⅱ.①温… ②任… Ⅲ.①空想社会主义—文集 Ⅳ.①D091.6-53

中国版本图书馆CIP数据核字(2017)第153273号

汉译世界学术名著丛书
(120年纪念版·珍藏本)
温斯坦莱文选
任国栋 译

商 务 印 书 馆 出 版
(北京王府井大街36号 邮政编码100710)
商 务 印 书 馆 发 行
北京市十月印刷有限公司印刷
ISBN 978-7-100-14471-1

2017年12月第1版　　开本710×1000 1/16
2017年12月北京第1次印刷　　印张14½
定价:80.00元